CICO
浙江交通集团

浙江省高速公路建设
创新与实践系列丛书

综合篇

『浙江省高速公路建设创新与实践系列丛书』编写委员会◎编著

人民交通出版社股份有限公司
北京

内 容 提 要

本书为“浙江省高速公路建设创新与实践系列丛书”的综合篇。全书记录了浙江省交通投资集团有限公司原杭州板块高速公路建设过程中的热情岁月，展现四个高速公路项目建设前期的征地征迁、建设现场的朝气蓬勃，以及在技术、安全、管理方面的创新及其背后的故事，体现建设者勇于创新、攻坚克难的精神与风采。书中同时收录了建设者们创作的散文、诗词与书法作品，展现项目建设中所积淀下来的团队文化，反映全体参建人员践行“勇当交通建设排头兵，建设人民满意交通”的初心使命。

本书与所有交通工程建设者分享共勉。

图书在版编目(CIP)数据

浙江省高速公路建设创新与实践系列丛书. 综合篇 / “浙江省高速公路建设创新与实践系列丛书”编写委员会编著. — 北京: 人民交通出版社股份有限公司，2021.12

ISBN 978-7-114-17441-4

Ⅰ. ①浙… Ⅱ. ①浙… Ⅲ. ①高速公路—道路建设—浙江 Ⅳ. ①U412.36

中国版本图书馆CIP数据核字（2021）第127694号

浙江省高速公路建设创新与实践系列丛书

Zonghe Pian

书　　名：综合篇

著 作 者：“浙江省高速公路建设创新与实践系列丛书”编写委员会

责任编辑：牛家鸣　潘艳霞

责任校对：席少楠

责任印制：张　凯

出版发行：人民交通出版社股份有限公司

地　　址：（100011）北京市朝阳区安定门外外馆斜街 3 号

网　　址：http://www.ccpcl.com.cn

销售电话：（010）59757973

总 销 售：人民交通出版社股份有限公司发行部

经　　销：各地新华书店

印　　刷：北京市密东印刷有限公司

开　　本：787 × 1092　1/16

印　　张：12

字　　数：206 千

版　　次：2021 年 12 月　第 1 版

印　　次：2021 年 12 月　第 1 次印刷

书　　号：ISBN 978-7-114-17441-4

定　　价：120.00元

浙江省高速公路建设创新与实践系列丛书

丛书编审委员会

本册编写委员会

主　编：方　杏

副主编：张乃斌　董艳哲　罗　毅　嵇　元

编　委：梁　斌　高施倩　叶章跃　陈洁琼

吴潇萍　陈静文　潘皓钱　董耀文

王一霏　张　帆　谢宝光

序

秦驰道大道通衢，京杭运河贯通南北，茶马古道驼铃声犹响，“一带一路”再续千年东西交融……，交通运输自古以来就是经济的脉络和文明的纽带，不仅具有显著的基础性、战略性、先导性和服务性功能，更是民生之本、发展之源、兴国之器、强国之基。党的十九大提出了建设交通强国的重大战略，中共中央、国务院先后印发了《交通强国建设纲要》和《国家综合立体交通网规划纲要》，为我国未来交通发展擘画了宏伟蓝图、指明了奋斗方向。我们要坚持以人民为中心的发展思想，牢牢把握交通“先行官”定位，推动交通发展由追求速度规模向更加注重质量效益转变，由各种交通方式相对独立发展向更加注重一体化融合发展转变，由依靠传统要素驱动向更加注重创新驱动转变，着力打造一流设施、一流技术、一流管理、一流服务，加快建设人民满意、保障有力、世界前列的交通强国。

习近平总书记指出，质量体现着人类的劳动创造和智慧结晶，体现着人们对美好生活的向往。浙江地处我国东南沿海，号称“七山一水二分田”，境内山岭纵横，水系密布，且随着交通建设主战场从平原地区向山区、沿海和岛屿转移，高速公路项目面临重特大工程多、桥隧比例高、软基处理难、施工环境复杂等一系列挑战。“十三五”期间，作为浙江省高速公路建设管理的主力军，浙江交投高速公路建设管理有限公司积极开展“品质工程”创建活动，精于专、作于细、成于勤，经过多年的实践探索，使“品质工程是科学管理下干出来的”理念逐渐成为全员共识，并以该理念为行为准绳，创造性地构建了“1+N”建设管理模式，开展“2+2+2”制度建设，打造“三化”管理，发挥技术创新和管理创新先导作用，落实工程质量全过程精细管控，追求工程本质安全，实现了高速公路建设项目质量、安全、造价、信息化等管理水平的全面提升，在行业内树立了一个有鲜明特色的学习标杆。

“十四五”是我国开启全面建设社会主义现代化国家新征程的第一个五年期，也是推动交通运输高质量发展的“重要转型期”和“关键突破期”，任务艰巨、使命光荣。在“十四五”开局之年，浙江交投高速公路建设管理有限公司组织有关力量，精心谋划，编著完成了这套“浙江省高速公路建设创新与实践系列丛书”，以系统工程的思维，全面总结了“十三五”期间浙江高速公路品质工程建设经验。丛书分为前期篇、建设篇、综合篇、智慧篇、绿色篇、党建篇、论文集和画册共8册，汇集了浙江交投高速公路建设管理有限公司打造品质工程的有益探索和感受体会，内容丰富，案例翔实，既有关键技术的创新突破，也有实践经验的凝练提升，具有很强的针对性和学习借鉴价值，为我们全力打造精品工程、样板工程、平安工程、廉洁工程塑造了浙江样板，贡献了浙江智慧。

在新的历史时期，持续“打造百年平安品质工程”，加快实现交通建设的高质量发展，需要我们坚持创新驱动，增强发展动能；坚持生态优先，实现绿色低碳；坚持学习互鉴，促进共同提高。他山之石，可以攻玉，这套系列丛书具有显著的先进性、专业性、实用性，可读性也较好。我们期待着广大交通工程建设从业者继往开来，广泛交流，不断开拓创新，积极探索实践，不断提升技术、管理和服务水平，让创新与实践在公路建设领域蔚然成风、持续焕发出勃勃生机，为新时代交通强国建设赋能加力。

开卷有益，希望大家不要错过。

周伟

2021 年 12 月 21 日

CICO

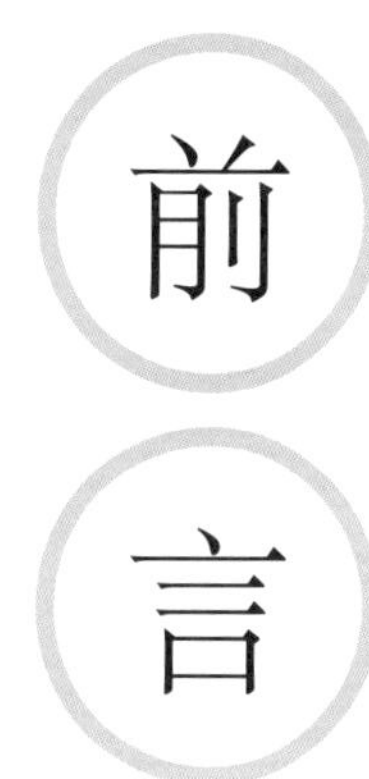

前言

在所有人的记忆里，工地的日子是沸腾和激情四射的，也是温暖和柔情万丈的。“荒凉中到来，繁华中离去”，说的是建设者的默默奉献、负重前行；“一桥飞架南北，天堑变通途”，讲的是建设人脚踏实地、无畏艰难的精神，道出了筑路人的质朴真情……

这些描述交通建设的诗意语言，让我们有机会从另外一个角度审视我们的工作和生活。也许，记录工地上的点滴，分享忙碌之后的内心感悟，传递建设者的真诚，传播工地上的精神，也是另外一种建设。

一个个高速公路项目如一幅幅画，我们雕琢着千年文明的又一个印记。一座座承载发展梦想的大桥，一处处路基、隧道，是一方百姓追逐幸福的脚步，更是我们践行品质工程的试验田、内心不断成长的试炼场。

在日新月异的变化中，我们发明和运用了更多新技术，建立了更多高效的管理机制，也拥有了强大的机械设备。我们刷新了一个又一个质量安全记录，跨越山川阻隔，改变生活的每一个角落。辗转各地，完成一个个项目之后，有什么能让我们铭记不忘？

为记录高速公路建设过程中的热情岁月，我们编纂了“浙江省高速公路建设创新与实践系列丛书”中的《综合篇》。本书分为大道筑未来、韶华不负、且行且歌、诗与远方、笔墨传情等部分，展现原杭州板块四个高速公路项目建设前期的征地拆迁，建设现场的朝气蓬勃，以及在技术、安全、管理方面的创新及其背后的故事，体现建设者勇于创新、攻坚克难的精神，展示建设者风采。

书中同时收录建设者们创作的散文、诗词与书法作品，记录建设过程中沿线的风土人情和人文积淀，讲述项目建设和业余生活中的点滴细节和温暖故事，展现原杭州板块项目建设中所形成和积淀下来的建设文化、团队文化，反映全体参建人员践行“勇当交通建设排头兵，建设人民满意交通”的初心使命。

让我们在本书中回忆最初的梦想吧，用细腻的文字穿透岁月的波涛，用全部的感情浸润那些细节，夯实、浇筑、摊平，使内心的肌理永远纯洁、精致。让情感的种子随着钢筋、混凝土洒落在曾经陌生的城，让承台、梁板、钢筋笼都记录下我们脉动的工匠之心。

目录

Contents

关于我们
About us

杭州绕城高速公路西复线杭绍段项目（简称“西复线杭绍段”）

杭州绕城高速公路（简称“杭州绕城高速”）西复线杭绍段起于湖州德清与杭州余杭交界的姜家山附近的唐家畈村，顺接杭州绕城高速公路西复线湖州段的主线。路线往南经杭州市余杭区、临安区、富阳区、萧山区至绍兴市诸暨市，终于杭金衢高速公路直埠枢纽南侧，设直埠南枢纽相接，路线全长98.22公里，其中扩容段长约64.89公里，联络线段长约33.33公里。

项目采用双向六车道高速公路标准，设计速度采用100公里/小时，路基宽度33.5米。全线设置桥梁23.23公里/72座，隧道30.53公里/27座，桥隧结构物长度占路线总里程的55.17%。沿线设置互通14处（含杭新景高速还建环山互通），服务区2处，管理中心1处，养护工区3处，隧道管理站1处，隧道救援站4处，同步建设4条互通连接线长9.6公里，占地约952公顷。项目总投资约258.36亿元（其中扩容段165.12亿元，联络线段93.24亿元），项目资本金比例45%，为政府还贷项目。

本项目承担着第19届亚运会外围交通流疏导的责任，也是服务世界物联网大会的必经路线之一。项目是杭州都市高速公路经济圈的重要组成部分，建成后将明显完善浙江省高速公路网，尤其能明显改善绍兴、杭州地区的路网结构和城市空间布局，对于推进区域经济一体化、扩大长三角地区辐射等具有重要意义。

杭州绕城高速公路西复线湖州段项目（简称“西复线湖州段”）

杭州绕城高速公路西复线湖州段起点位于德清县新市镇附近与S13练杭高速公路相接，终点位于湖州德清与杭州余杭交界处的姜家山，接杭州绕城高速公路西复线杭绍段，全线位于湖州市德清县境内，路线全长约50.8公里，其中扩容段长约26.13公里，联络线段长24.67公里。

项目采用双向六车道高速公路标准，设计速度采用100公里/小时，路基宽度33.5米。全线设置桥梁18.44公里/60座，隧道2.16公里/2座，桥隧结构物长度占路线总里程的40.55%。沿线设置枢纽2处，互通7处，服务区1处，管理中心1处，养护工区1处。项目总投资约123.09亿元，建设工期36个月。

本项目的建成将进一步提升G25长深高速公路的运输能力和服务水平，有效推动环杭州湾产业带和“两富、两美”浙江建设，对打造“畅通浙江”和实现长三角经济一体化国家战略具有重要意义。

建金高速公路项目（简称“建金高速”）

建金高速公路起自建德市杨村桥镇北，终于金华市二仙桥东，共涉及建德、兰溪、金东区 3 个县市区、10 个乡镇、50 个行政村。路线全长约 58.09 公里，批复概算 93.76 亿元，主线采用双向四车道高速公路标准建设，设计速度 100 公里 / 小时，于 2020 年底建成通车。建金高速桥隧结构物占路线总里程 56.5%，全线共 9 座隧道，最长隧道——金华山特长隧道全长 7388 米；主线桥梁共 42 座，其中特大桥 3 座，新安江特大桥、兰江特大桥主桥均采用节段梁拼装技术，从预制到拼装都要求达到毫米级精度。沿线共设置 6 处互通式立交，其中杨村桥、二仙桥东为大型枢纽互通，连接杭新景、杭金衢、金丽温三大省内干线。

建金高速公路是国家“十三五”期间重点建设项目，国家高速公路网中纵三线长春至深圳高速公路（G25）的重要组成部分。项目建成后将补齐长深高速公路缺失部分，连接杭新景、杭金衢、金丽温三大省内干线，为浙江省中西部地区提供一条快速南北向通道，对于连接杭州和金义两大都市区，完善国家和区域高速公路网，推进长江经济带综合立体交通走廊建设，带动沿线地方经济发展和资源综合利用开发具有重要作用。

范的警惕性
CICO
浙江交工
使命
当
交
行
主

临建高速公路项目（简称“临建高速”）

临建高速公路由浙江省交通集团投资建设，是浙江省综合交通运输发展“十三五”规划中最后一条开工建设的高速公路。项目北起浙江与安徽两省交界的千秋关隧道，终点接杭新景高速公路安仁枢纽，途经临安、桐庐、建德 3 个区（县、市）及 11 个乡镇、46 个村，路线全长约 85.5 公里，总投资约 206 亿元，建设工期 42 个月。

项目采用双向四车道高速公路标准，设计速度 100 公里 / 小时。全线设置桥梁约 23.3 公里 / 70 座，隧道约 33.7 公里 /29.5 座，桥隧比 66.6%。全线设服务区 2 处，停车区 1 处，互通匝道收费站 8 处（不含杭徽高速公路於潜互通改移），管理中心 1 处，隧道管理站 2 处，养护工区 2 处，超限检查站 1 处。

作为浙皖两省间最后一条断通高速公路，临建高速也是 2022 年杭州亚运会配套工程，其中，先行段将于亚运会前建成。项目建成后，将为浙江中西南地区、安徽东南地区和江苏省西部之间形成一条快速通道，有利于加快浙江西部地区经济的发展，进一步完善浙皖两省及长三角高速公路网络，加强长三角对周边地区的经济辐射。

大道筑未来

The road builds the future

将一条条高速公路安放于青山绿水之间，将都市热土与山乡僻壤沟通畅联，让诗与远方不再遥远，这是一条条使命必达的浩浩征途，是交通人无愧于天地家国的辉煌壮举。

时代的使命

翻开新版的杭州交通地图，杭州都市的概念跃然纸上。杭州绕城高速西复线、建金高速和临建高速，清晰地勾勒出杭州都市扩容、资源耦合、环境重塑的发展愿景。三条高速公路的建设，标志着杭州从勾留西湖、乐水偏安的历史、经济、文化惯性中大踏步走出，也标志着浙江高速公路建设从通达成网到功能完善的巨大转变。人们注意到，高速公路不仅仅是区域联通的工具，更是城市功能完善、社会发展协调的重要工具。

时间回溯到 2016 年。

那一年距离浙江省第一条高速公路——杭甬高速公路全线通车恰好二十年整。浙江交通基础设施建设走过了前所未有的黄金时期。以杭甬高速公路为起点，浙江掀起以高速公路为重点的交通基础设施建设高潮，破局、成环、组网、提质，一路坚守人民导向，践行“八八”战略，打造出了路网密度和服务能力达到发达国家水平的高速公路服务体系。“十三五”期间，浙江更是快步走进综合交通建设的快车道，以交通强省为目标，着力构建水陆空多元立体、互联互通、安全便捷、绿色智能的现代综合交通体系。高速公路的建设也进入了完善网络功能、提升服务水平的新阶段。

浙江对交通建设满怀雄心壮志，取得的成就令人瞩目。但与此同时，一些问题也逐渐暴露出来：高速公路桥头跳车的现象普遍存在，路面养护周期短，不少关键数据也落后于兄弟省份。省内公路质量还有很大的提升空间。

经过十五年的快速发展，浙江省交通集团（简称“省交通集团”）跃升为浙江交通工程建设的龙头企业，在全省高速公路投资建设领域占了半壁江山。2016 年，省交通集团承担了建金高速、杭州绕城西复线和临建高速三个项目，投资额占集团“十三五”拟建高速公路项目的 60%，里程数近 300 公里，占全省“十三五”拟建成高速公路的 30%。即使对身经百战的该集团而言，这样的体量也是空前的。

那时的省交通集团领导层高瞻远瞩，没有满足于眼前的辉煌成绩，而是看到了浙江高速公路与国内领先水平的差距。如何将浙江高速公路打造成为国内一流？集团领导班子多次开展专题研究，最后得出结论：要对浙江省高速公路的建设模式进行创新。此前，浙江每建一条路就由一家公司负责，专业化程度不高，导致公路质量上不去。省交通集团决定走专业化的路子，也就是说，组建专业化公司，打造专业化的技术队伍，形成专业化的建设经验并加以传承。

2016年7月25日，省交通集团和省铁路集团合并重组，成为新的浙江省交通投资集团有限公司。作为集团项目建设管理体制优化的突破之举，酝酿已久的原杭州板块筹建被正式提上了日程。

最终，集团公司从战略出发，将杭州绕城西复线、建金高速、临建高速三个项目共292.494公里的建设管理和681.15亿元的投资任务整合在一起。2016年8月26日，原杭州板块应运而生。一个新成立的板块要担负如此重大的使命，这在省交通集团是史无前例的，即使在全国范围内也极其少见。如此高的起点，原杭州板块注定是个不平凡的存在。

外人或许很难想象，拥有这么大体量项目的板块公司，在成立之初连办公场地都没有。筹建组四处向兄弟单位打听，了解到之浦路提升改造工程有闲置的由钢板搭建的简陋工棚，于是借用作为过渡，在该场地一待就是将近半年，直到搬到枫桦东路9号的办公楼，原杭州板块才真正有了根据地。

办公条件虽艰苦，但那是一段激情燃烧的岁月。在短短几个月内，原杭州板块迅速确定了组织架构和管理模式，组建三个项目建设指挥部。

种下梧桐树，引得凤凰来。原杭州板块通过集团内部调剂、沿线地方政府支持、社会招聘等多个渠道，组建优秀的人才队伍。一群有着共同愿景的交通人走到了一起，他们以“勇当交通建设排头兵，建设人民满意交通”的使命担当，助力加快建设高水平交通强省，当好“重要窗口”建设的先行官。

于是，在杭州都市圈的地图上，高速公路线网逐渐形成并完善。

谋定而启动

浙江西北山峦叠嶂，很多地方千百年来都人迹罕至，偶有当地老农进山劳作，陪伴他的往往也只有山禽绕树、泉水叮咚。但是从 2014 年开始，一组组勘察设计人员开始进山工作，当时还在筹建的指挥部人员，也开始成为山野间的常客。高速公路建设的关键一步就是选线设计。较早启动的建金高速沿途多山区，地势复杂，合理的选线规划极为重要。“当时我们就考虑了很多，要满足建设、营运和社会环境等几个方面的需求，希望能做到尽善尽美，把这条高速公路建设成为新时代高速公路建设的标杆性项目。”曾经参与建金高速筹建的退休干部任利群对当时筹建团队的选线和设计理念记忆犹新。

首先是地质勘测。在每条高速公路选线之前，筹建团队都邀请了专业的地质勘察单位，对沿途地势进行了详尽的摸底，分析可能存在的地质隐患和灾害，为路线设计提供指导。磨刀不误砍柴工，前期完善的地质摸底保证了后续没有出现因地质条件引发的设计变更，对控制工程造价也有很大帮助。浙江省交通运输厅对原杭州板块的地质勘察给予了高度评价，建金高速的地质勘察被认为是“浙江有史以来最好的”。

在前期工作中，建金高速就提出了生态景观的建设理念，也针对性地谋划了一系列建设新思路、新工艺，这一阶段的工作，提纲挈领地为全寿命周期高速公路的生态、环保和经济效益提供了指南。承担第三、第四两个合同段施工任务的

交工集团项目部负责人一进场，就感受到了这几个项目的不同之处。“指挥部已经把谋划工作做到了极其细致的程度。钢筋厂预制场放哪里，引进哪些先进设备和工艺，解决哪些节点性问题，都考虑得非常清楚了。甚至项目部建在哪里，工程完工后项目部的房建设施怎么处理，未来高速公路建成后，绿化和生态景观展现什么效果，如何调整长上坡路段减少车辆尾气排放等等问题，指挥部都一一明确，我们只要瞄定目标扎扎实实干下去就好。”该负责人表示。

选线设计，在原杭州板块眼中，绝不是工作的一个环节，而是整个工作的路线图、指挥棒，设计要有效地实现对工程建设管理的顶层设计，整合沿线资源，规避管控风险。原杭州板块成立后，建金高速组建了设计变更优化小组，每半个月召集第三方咨询公司，一同召开设计优化会议，讨论后续施工的重点、要点和难点，全方面优化设计方案。参会人员通常要对设计变更进行多方案比选，从经济成本、进度推进等各方面进行考量，最终确定合适方案。

这一做法在实践中取得了良好的效果，最直观的体现就是节省了工程造价。建金高速通过施工图设计线位、核查地质勘察、桥梁跨径及桩长、隧道围岩等级及支护方式、路面设计参数和土路肩排水等设计优化，合理降低了工程造价约43000万元；通过核减路基土石方工程量、优化改河设计方案和核减工程量等变更方案，节约工程造价约4800万元。西复线湖州段、杭绍段和临建高速也沿袭了建金高速的经验，以精益求精的态度不断优化工程设计。

通过合理的设计，有效降低了高速公路日后的运营成本，实现了不可估量的价值。比如，给排水不合理容易引发路基滑塌失稳等问题，不仅会增加维修费用，而且会造成安全隐患。通过实行“一坡一设计，一坡一验算”和边沟排水专项设计，结合实际水文、地质、地形、功能需求等情况，调整设计参数，建立完善的排水系统，提升工程稳定性及耐久性，避免了日后因工程排水系统不完善而出现水毁，增加营运养护成本。

闪电式报批

土地报批涉及国家及省区市的发改、国土、交通等管理部门，以及沿线各级政府和征迁指挥部，沟通协调工作量大，再加上高速公路是线形工程，相关政策复杂、不确定因素多，各项报批流程烦琐，落实土地指标困难，土地政策更趋严格，给土地报批增加了不少难度。

原杭州板块采取了“盯关跟”战术，狠抓审批全过程，专门成立由六七个人组成的土地报批小组，这在全省建设单位都是少见的。通过认真梳理土地组建报批程序，紧盯关键节点，围绕“一书四方案”制订工作任务清单，利用月联席会议、周工作对接，将工作任务明确落实到沿线地方指挥部、设计院等参建各方，真正形成部、省、地方和原杭州板块多方互联互通、联创共建的良好局面。在整个土地报批的过程中，原杭州板块和下属各个项目协同作战，合力推进。市级、省级的报批都是板块公司和各项目指挥部一起行动的，联合会审涉及八个政府部门，谁对相应的业务更熟悉就谁顶上。

土地报批工作人员牢牢掌握部省报批的最新要求和最新进展，提前介入和统筹谋划，转变坐等批文的被动局面，主动靠前、协调推进，掌握报批的主动权和节奏步伐，更快更顺畅地推进报批工作。最忙的时候，土地报批小组成员每天都在外面奔波，推动报批工作跑步前进。

临建高速创造了土地报批的速度纪录。自然资源部推出重点项目预审新政后，临建高速在全省率先通过省国土资源厅土地预审并完成报部。不仅如此，临建高速林地报批审查过程历时 29 天，刷新了国家林业和草原局自成立以来的审批新速度。这样的速度是怎么做到的呢?

原来，从项目之初起，原杭州板块提前谋划，主动汇报，争取支持。土地报批需要县、市、省逐级上报，并包含线上审批和线下审批两套程序。临建高速采取了提前汇报的方式，在县级审批的同时就提前找市里预审，以便及时发现不足，修改或补充报批材料。临建高速还积极争取容缺审批政策，这样一来，就可以一边补充材料，一边办理审批手续，缩短审批周期。此外，由于补件期限仅有 20 天，一旦超过规定期限，所有的审批流程都要从头再来。为了避免这种情况发生，临建高速想出了个办法，那就是组织内审，邀请行业主管部门及专家对报批材料进行事先审查，尽量保证申报的材料符合报批要求。事实证明，内审确实起到了作用，从县到市，从市到省，临建高速从未遇到过退件的情况。

为了尽可能提高报批效率，临建高速指挥部由专人负责报批，并倒排时间节点，每周召开例会，总结报批工作。临建高速指挥部副指挥张永平说，将农用地转变为建设用地的省级报批计划是以小时为单位制订的，可谓是分秒必争。白天跑外业，晚上忙内业，这是土地报批小组的工作常态。

2020 年 5 月底，浙江成为国家委托用地审批权试点省份之一。临建高速充分发挥“盯关跟”精神，安排专人蹲点省厅一周，紧盯补件材料进展。半天内分别完成桐庐、临安设施农用地在桐庐县规划和自然资源局与杭州市规划和自然资源局临安分局的盖章证明，经市局审查报送省厅；半天完成临安林业局、浙江省林业局盖章说明。在一系列“超”速度的推进中，土地组件材料最终通过省厅 7 个部门联合会审并完成补件材料审查，在 7 月 10 日顺利过会。8 月 3 日，临建高速获得土地报批。

天下第一难

征迁是天下第一难，难在和群众交心。原杭州板块项目涉及杭州、金华、绍兴、湖州地区，土地资源保护与项目基础设施建设存在的矛盾极为突出，征迁压力巨大。在省市各级政府、行业主管单位以及沿线地方百姓的大力支持下，杭州绕城西复线等项目主动和群众交心，通过党群团等各种组织途径，克服了土地组件、征地拆迁等各类问题，一方面“历经千辛万苦，说尽千言万语，走遍千山万水，想尽千方百计”锻炼了队伍，另一方面工作做得顺应民心，高速公路建设得和谐温情，创造了一个又一个的征迁“佳话”。

征迁点多、面广、线长。四个项目全线共涉及10个县（市区）、49个乡镇、208个行政村，共计需征用土地32653亩，拆迁房屋2280栋、企业116家、苗木2815户，迁移坟墓8961座、杆线8941根。动辄以千计的征迁点，需要工作人员一块块土地测量，一户户房屋评估，一张张协议签订，工作强度可想而知。各项目指挥部和地方征迁指挥部建立定期会商机制，由各指挥部轮流承办征迁工作月度联席会议，地方领导也多次现场办公，解决征迁难题。

征迁工作不患寡而患不均，原杭州板块坚持一碗水端平，同时加强宣传，强调高速公路建设对城市布局发展的意义，说服沿线百姓配合征迁。党建联合体的作用在征迁当中得以充分体现。

杭州绕城西复线要建富春江大桥，边上的某个码头据称500吨级，正好在拆迁范围之内。码头老板漫天要价，征迁工作一度陷入僵局。大桥施工必须要赶在汛期前完成，否则就要往后再推三四个月。西复线杭绍段指挥部敏锐地觉察到该码头的体量可能并没有这么大。带着

这个疑点，征迁处向富阳港航部门核实了通航论证报告等相关文件，最终发现该码头只有300吨级，如此一来就避开了码头拆迁，为工程节约造价3000万元左右。

西复线杭绍段征迁清零是以220千伏高压杆线岗州线的迁改成功为标志的，但这最后一战打得也并不容易。岗州线的复杂程度堪称杭州“二绕”之最，根据原有改线方案，要拆除2处厂房，政策数量难度大、赔偿额度高，指挥部征迁人员潜心研究电力技术规范和公路管理条例，结合实地调研，优化了电力迁改方案，不仅避免了2处厂房拆除，而且比预算节省造价1200万元。

针对少数一时间难以攻克的征迁难点问题，各项目指挥部积极探索无障碍施工保障机制，分别成立施工保障队伍，开展清零行动，使各项问题得以有效解决。

建金高速途经建德一家铁皮石斛基地，由于铁皮石斛基地迟迟不愿意迁移，给施工进程造成了阻碍。当地村党支部出面，发动村里所有党员对铁皮石斛的植株数目进行清点，实行强制性迁移，保证了项目如期推进。

朱掌庆鳜鱼塘是西复线湖州段征迁过程中最难啃的“硬骨头”，西复线湖州段征迁的最后一步就卡在这里。指挥部党员干部化身“跑男”，几乎半驻扎在一线，前前后后跑了乡镇和现场不下一百趟，做细做实思想工作，排解拆迁户思想疑虑，用诚意争取支持。德清县委副书记、政法委书记、联建项目党委书记陈健主动领办项目征迁最大攻坚难点朱掌庆鳜鱼塘的交地工作，亲自协调解决难题，1个月的时间，朱掌庆鳜鱼塘交地工作实现突破，施工单位顺利进场施工。

“每个问题都有各自的难点，百姓有百姓的诉求，工程建设有工程建设的诉求，要获得老百姓的理解和支持才是关键。”难点攻克后，几个负责人感慨万千。

匠心筑品质

提高高速公路质量，是个老生常谈的话题。工程质量达到国内领先、国际一流水平，是几代建设者深藏心底的愿望。浙江地形地质复杂，八山一水一分田，对施工技术提出了更高要求。而且杭嘉湖平原大面积软土路基，极易导致路面产生不均衡沉降，加剧路面跳车，既影响了行车舒适度，也大大缩短了养护周期。

原杭州板块想做的，首先就是改变浙江高速公路跳车这一顽疾。原杭州板块的发展目标是“打造高品质工程，培育高素质队伍”。简单的十四个字，看似朴素无华，要做到又谈何容易？仅凭一家企业的一己之力是远远不够的，原杭州板块凝聚所有参建单位的力量，大家心往一处想、力往一处使。

从招标通知、合同文件和制度建设入手，原杭州板块制定严格的技术标准。比如，关于沥青路面的技术规范，浙江省有比较完善的规定，要求渗水系数不高于300毫升每分钟。而原杭州板块规定沥青路面渗水系数不能高于90毫升每分钟，远高于行业标准。除了渗水系数，弯沉指标也是反映路基路面质量的一项重要指标。沥青路面在荷载作用下会产生竖向变形，在荷载作用后变形会恢复，能够恢复的那部分变量就是弯沉。弯沉值越大，说明路面刚度差、抗疲劳性能差，难以承受较重的交通量。原杭州板块将路基弯沉内控指标定为150，远低于设计指标规定的232.9。每个项目从建设之初起就明确了建设品质工程的目标，争创李春奖和国家优质工程奖。

从源头把控工程质量，沥青和碎石无论规格、形状还是含粉量，都有严格的控制。拌合楼选用哪个品

牌、什么型号，设在哪个点位，都经过慎重考虑和严密论证。摊铺机用的是港珠澳大桥同款，压路机用的是 36 吨超重吨位压路机，这些都是国内领先的设备。

为了克服夏季高温影响下沥青路面易变形的通病，使用了改性沥青，用料颗粒更粗。但这又产生了新的问题，粗细料容易离析，会产生空隙，从而导致渗水。西复线杭绍段对沥青摊铺机进行了微改，加装防离析链条，取得了明显效果。

虽然工期紧任务重，但在关系到工程质量的领域，绝不因为进度牺牲质量。路基填充多是就地取材，使用的是宕渣，也就是土石混合物。路基密实度和固体体积率有直接关系，爆破后的碎石粒径较大，为了提高宕渣均匀性，在宕渣填充前对其再度进行破碎。道路水稳层施工完成后先等待一个冬天，过冬后施工人员进行步检，也就是边走边检查，一旦发现收缩性裂缝就及时采取补救措施，之后再实施路面沥青摊铺这道工序。因为夜间光线较差影响视线，容易导致沥青离析、摊铺不到位，原杭州板块坚持在天黑之后就停止沥青摊铺作业。考虑到西复线建成之后承载的车流量大，西复线项目的路面沥青层厚度由浙江普遍设计的 18 厘米提升到了 20 厘米，这在浙江高速公路史上是第一次，为的是提高路面耐久度，延长路面使用寿命。

浙江省内首家工地质量体验馆在西复线湖州段建成。通过新建的质量体验馆，开展对产业工人的培训。一线工人在首次进场施工前先进入质量体验馆，接受工序施工培训和质量通病教育，从而增强精品意识，提高业务水平。

智慧化工地

将信息化智慧化手段运用到工程建设中，打造新时代的智慧工地，原杭州板块进行了积极的尝试和探索。

监理是高速公路业主的“第三只眼”，发挥着监督、见证、检查的职责。如何让“第三只眼睛”发挥作用，监督出高品质工程？在浙江省“监理＋信息化”试点项目建金高速中，原杭州板块统筹组织开发了“智监云”系统，初步建成了9大模块近80余项子功能组成，覆盖95%的监理工作的系统。监理人员的精准定位、行动轨迹被系统实时记录，监理人员在工序检查验收中及时上传图像、数据，实现每个环节的可追溯，通过现场记录安全巡视、安全隐患排查、安全指令，进一步提升了安全生产管理实效。

“监理＋信息化”试点创建了“监理信息化系统”和“信息化监理”。项目管理结合阳光动态管理系统、物联网、视频监控系统、隧道人员定位、门禁系统以及隧道粉尘监测系统等信息化系统，建立起指挥部、监理单位、施工单位三个管理层级的配套信息化制度管理体系，在规范、强化施工单位内部管控的基础上，逐级建立起监理单位、指挥部的核查体系，使信息化系统能够真正用起来，并发挥出信息化系统应有的作用。

在工程设计中充分发挥BIM（建筑信息模型）作用，浙江省交通集团首先在原杭州板块试点运用BIM。由于参建单位众多，统筹协调难度大，采取传统建设项目管理模式会造成建设管理信息的严重不对称，导致工程建设成本高、管理水平低，而BIM的引入实现了工程建设管理信息有效、及时地共享，从而加快决策进度、提高决策质量、实现精细化管理。

特大桥深水下部结构、超长隧道施工、大型互通结构、路基排水……这些都可以通过BIM加以模拟，一些隐蔽工程比如梁板内部钢筋的空间结构，也能直观展示。比起传统的二维图纸，将施工工艺空间化之后可以分解得更到位、更直观、更科学。此外，利用BIM形成全线外观模型，用于数字化工程进度管理和展示，更有利于清晰地呈现进度情况。

物联网技术在软基处理和路面施工过程中广泛应用。西复线湖州段多软土路基，浙江软基施工一直是质量通病，而西复线湖州段软基路段达32.5公里，是目前全省在建高速公路工程中最长的软基施工路段。在软土路基上筑路，犹如在嫩豆腐上放重物，需要使用水泥搅拌桩对软基地块进行加固。传统的水泥搅拌桩施工基本靠人力现场观测、巡视，成桩质量受人为因素影响较大。湖州段引入物联网技术，实现了搅拌桩质量全数字化、施工全过程跟踪。水泥搅拌桩整个施工过程的数据实时上传远程监控平台，每根搅拌桩的钻进进尺、每延米段

浆量、水灰比等数据监控平台一目了然，搅拌桩的品质好不好都可以用数据来说话。有了深层搅拌桩监控仪质量管控系统，最多时有115个搅拌钻机同时开工，后台也能从容应对各种突发情况，极大地提升了项目施工的管理效率。在监控系统数据的精密分析纠偏后，水泥搅拌桩桩身均匀性、芯样完整性均得到显著提升。施工后取芯检测数据显示，取芯合格率相比以往传统施工提升15%，A类水泥搅拌桩比例从60%提升至80%。全线沉降情况远好于预期，预期沉降230mm，实际平均沉降仅有45mm，最大沉降也不过78mm。

物联网技术还实现了路面施工全过程管控，保证材料配合比和施工质量。3D摊铺技术在西复线湖州段试点开展，这种新型摊铺方式省去了放样、打桩、挂线等复杂的人工操作，自动控制系统能够实时对摊铺面进行三维坐标数据检测，并对施工质量进行反馈，减少了人为控制误差，提高了摊铺的厚度和精准度，且摊铺效率更高。

开工较晚的临建高速成为原杭州板块智慧工地的集大成者，在项目建设中不断植入"智慧基因"。临建高速以技术创新为驱动，管理系统迭代升级，机械换人持续推进，路面施工智能管控，物联网技术精准发力，智慧监理趋向成熟。临建高速凭借智慧监理实现闭环管理、源头管控，成为交通运输部公路工程智慧监理科技示范项目，交通运输部科技示范项目在全国总共只有7个，临建高速是浙江唯一一个。智慧工地试点花落临建，2020年10月20日、21日全省智慧工地现场会也在临建召开，智慧工地打破了人们对工地传统的印象，在未来还将带来更多的惊喜和期待。

抢时赶工忙

作为杭州都市圈和迎接亚运会的配套工程，原杭州板块的几个建设项目工期紧、要求高，各个参建单位从开工那天起就掰着手指算工期，恨不得把一天当两天用。建设期间又遇到疫情、台风等恶劣天气影响，留给各个项目的时间更加宝贵。

对各个指挥部来说，抓好节点性工程是掌握施工进度和建设节奏的重中之重。

全长 7 千多米的金华山隧道是建金高速的卡脖子工程，为了早日攻克这一工程节点，建金高速指挥部专门研究落实了一系列措施。首先将其作为独立标段先行施工，左右洞同时双向掘进；采用矿山法施工，在地方政府的支持下，统筹保证炸药供应，为施工的顺利推进创造有利条件；采用浇水等主动降温方式，降低爆破后受到岩体高应力带来的安全隐患。项目部还引进双臂凿岩台车、湿喷手等先进机械设备，机器换人，加快施工作业进度。

每个建设者也铆足干劲，想方设法提高效率。

现场施工的工人们，几乎每天都能看到面色黧黑的方阿土在各个工点忙碌。沉默寡言的隧道施工负责人，在工地上是个说一不二的主，每天和工人们摸爬滚打在一起，工人们对他是又亲切又敬佩。隧道施工初期，他就凭借多年的施工经验，将预检台车、防水卷材台车、

二衬钢筋台车三车合一，改造形成多功能综合台车，大幅提升了施工效率和工程质量。隧道贯通前，两端洞口到拌和站要1个多小时车程，大家都着急的不行。后来干脆在两端洞口附近各设了一个钢筋加工场和拌和楼，人员也重新排班，基本达到停机不停人、停人不停机的三班作业要求，施工作业效率大幅提升。

2019年12月，金华山特长隧道提前5个月全幅贯通，在省内同类项目中，施工效率和安全质量管控水平都堪称标杆。

金华山隧道的提前贯通只是原杭州板块各项目抓进度的缩影。走进原杭州板块无论哪个项目指挥部，都能看到挂图作战的场景。各个项目你追我赶，奋勇争先，通过倒排计划，强化任务分解，实施节点考核，掀起施工建设高潮。

2019年降雨频繁，梅雨期长达50天之久，西复线湖州段所在的德清段降雨量达870毫米，为历史罕见，这给项目建设带来极大影响，尤其是沥青路面施工严重受雨季影响。

为降低不良天气对项目建设快速推进的影响，保障工程建设质量，西复线湖州段项目与德清县气象局达成合作意向，成立专项气象服务组，气象局主动上门服务征求具体需求，建立专项气象信息预报发布平台，就项目全线50.8公里施工范围内的区域开展气象服务。合作期间西复线湖州段各项目部相关施工责任人每天都可滚动接收未来1～3小时精细化气象预报信息，尤其是应用高清GIS地理信息技术加实时雷达探测信息，提前掌握项目各施工点的转雨时间和降雨强度等情况，并每天定时接收未来一周逐日的天气预报等。

通过气象信息预报服务平台，各项目部能够快速及时地掌握气象信息，充分应用精细化气象信息，合理安排施工作业。同时，在不利天气条件下抢晴天作业，根据转雨时间和降雨强度等信息，提前做好防范，减少损失。也就是说，在西复线湖州段，各参建单位基本上是

以小时为单位来安排施工作业的。

湖州段以小时安排施工计划，杭绍段则将跨跨班组甚至项目部的协调与合作落实到了极致。

西复线杭绍段3标因为征迁进度稍微落后，桩基施工没法如期进行，导致预制场有几万幅预制好的梁板积压，影响到后续施工。西复线杭绍段周密研究后，大刀阔斧的决定增加临时借地，将梁板中转到其他地方保存。2018年西复线杭绍段50%的标段没有完成目标进度，指挥部多次向施工单位做思想工作，协调各建设单位增加人员和设施设备投入，几个标段共增加了一百多个制梁台座，指挥部统一协调各项目技术和场地、设备共享，每周到落后标段盯进度，最终顺利将进度赶了上来。为了保护良渚古城外围水坝遗址不被破坏，杭绍段1标多次修改施工方案，比原计划推迟了整整半年开工。方案敲定后，施工单位在兄弟标段的支持下，仅用了一个月就完成预制场和拌和站的建设，为争取进度提供了有力保障。

技术提效也是原杭州板块各项提高建设进度的重要抓手。临建高速在完善的装配化技术推广发挥了巨大作用。临建高速是典型的山区高速，相比平原高速存在着土地稀缺、作业面狭小、运输条件差的困难。由于山区高速路基段落分布零散，项目的推进主要依赖施工便道的打通。考虑到施工便道较为平坦，临建高速全线涵洞、护栏及五座主线桥梁均采用了装配式工艺，成为全国首条全线大规模推广应用装配式技术的山区高速公路，其中预制立柱472个，预制盖梁197榀，箱涵82道，预制护栏约80公里，装配式混凝土浇筑量超过8.3万方。如果按照在钢筋中现浇混凝土的传统做法，一个月只能浇筑6根立柱，而於潜枢纽采用预制拼装技术后，一天能安装6根立柱，显著提高了生产效率。据估算，整个临建高速采用装配式工艺后，预计可节约工期6个月以上。

安全有新招

安全是工程建设管理中老生常谈的话题。以建金高速公路项目为滥觞，原杭州板块探索出了以公路建设项目为考核对象的安全生产标准化考评模式，首创安全标准化评价指标，在施工现场安全标识标志、临边防护、通道安全等各方面均有单独的标准化手册，这样无微不至的安全管理制度在西复线和临建高速进一步推广完善。

建金高速涉及两座特大桥、一条特长隧道和多个枢纽，安全风险系数高。在建金高速公路之前，国内交通工程建设项目尚未形成一套成熟可用的安全生产标准化体系。为了提升项目安全生产水平，填补国内相关评价体系的空白，建金高速与科研单位合作，邀请国内安全生产方面的专家，制定了一套安全生产标准体系并严格落实，填补了国内交通建设项目安全标准化评价指标的空白。2019 年上半年，建金高速高质量完成了 132 项评价指标，成为国内首家交通工程安全生产一级达标单位。

在建金高速施工现场，随处可见的安全标志标语无一不显示着建金对安全的重视。杨村桥枢纽和二仙桥东枢纽施工是高空作业，项目采取了临边防护，安装围挡和护栏，设立施工通道，定期巡排查并加以维护，防止围挡和护栏出现移位。金华山隧道是特长隧道，隧道挖掘中产生的有毒有害气体是主要危险源，项目引入了多臂凿岩车，通过机械换人、减少人员进入，以降低风险，同时做好有毒有害气体检测、人员进出场管理。兰江特大桥和新安江特大桥这两座跨江大桥施工受汛期影响大，施工现场安装了流速监测仪，水流快的时候就暂停水上作业，此外还有水上救援装置、防坠落装置，为施工人员构筑起了坚实的安全防线。

“黄帽子行动”如火如荼。以注册安全工程师考试大纲为主要内容，开展黄帽子安全知识考试，并在此基础上建立项目内部讲师团机制，充分发掘内部师资力量，加强安管人才培养。在施工现场，所有安全管理人员统一着装，辨识度很高，施工人员一旦有安全疑问或风险可以及时向安全管理人员求助。项目配备专职安全员，培养一支高素质专业化的安全管理队伍，每季度开展安全生产知识考试，提升安全管控业务能力。

国际劳工组织企业可持续发展项目（SCORE）在建金高速5标顺利落地。建金高速5标以高架为主，枢纽匝道较多，而且有涉路施工，安全风险大，因此建金高速项目创新性地将SCORE引入管理中，将项目驻地、钢筋加工棚、现场施工点作为试点区域，深入推行“整理、整顿、清扫、清洁、素养”5S模式。

管理人员与一线工人加强沟通，除了以安全事故唤起工人对安全的重视，还认真听取作业班组的意见，对班组反映的问题加以改进以避免安全风险。通过在工人当中开展知识竞赛、技能比武、比学赶超，使工人逐渐养成习惯。经过大半年的努力，SOCRE项目开展得有声有色，建金高速也因此成为国际劳工组织企业可持续发展项目进工地试点单位。

沿途皆风景

金秋时节，驱车行驶在即将完工的建金高速、杭州绕城高速西复线上，两岸青山连绵不断，江水碧波荡漾，河网水系纵横交错，如同水天一色的江南水墨画，路嵌其中，形成了一道美丽的风景线，串联起中北部诗画浙江大花园。

将高速公路轻轻地放在绿水青山之间，这是原杭州板块几个项目的共同心声。融入风景，打造景观高速，生态集约，建设绿色高速，是高速公路发展趋势，更是原杭州板块建设者们对这片秀美山河报以的真诚敬意。2020 年底通车的三段高速公路，沿线都有独特的自然风光资源和人文积淀。建金高速从建德杨村桥开始，一路往南，新安江、兰江的美景尽收眼底，金华山、梅城古镇、双龙洞景区等热门旅游景点一路相随；而位于建金高速北面的西复线，则在杭州外围串联起了良渚、富春江、天目山等风貌，覆盖龙门古镇、莫干山、鲁迅故里等多个 4A 级以上景区，可谓遍地是历史、遍地是景区。

车在路上走，人在画中游。建成后的高速公路将把这些星罗棋布的自然风光与人文景观串联起来，构建起全域美丽经济交通走廊。为了达到这一目的，原杭州板块各指挥部加强规划设计，通过顶层设计和管理，在全线实践“通景”“融景”“造景”的建设理念，打造景区化高速公路。

为了将对生态的影响降到最低，原杭州板块的四个项目遵循严格的生态选线原则，达到路与自然景观的高度融合，并通过景观节点的设计建设，在沿线打造高速风景带。

在建设过程中，“不破坏就是最好的保护”的理念已经成为原杭州板块各个项目的共识，每个项目部都坚持“污水零排放、边坡零裸露、空气零污染、隧道洞口零开挖”。隧道“早进洞，晚出洞”，最大限度保护洞顶原有水土及植被，以造价的合理增加换取现有的生态平衡免于破坏，实现“零开挖”自然进洞；对于“削山皮”的挖方路段，在有条件的地方采取支护桩等工程措施，形成直立式边坡，减少路堑边坡创面，最大限度保护自然山体坡面。每个工地都有污水处理池，场地内的污水不会排放到场地外，经过过滤净化后还能重复利用，用来洗车或冲洗地面。每个项目全线安装扬尘监测系统，一旦发现扬尘指标超标，就采取自动喷淋冲洗。

西复线杭绍段投入使用“环保管家”系统，实现了绿色施工“实时预警”和“秒级响应”，这也是浙江首个针对公路建设期环保管理的解决方案。西复线湖州段每公里都配备了洒水车，51 公里长的施工路段总共有 52 辆洒水车。建金高速项目将沿线征迁的林木直接买下来，保留了周边原生地貌。临建高速投入 2000 万元，在全线环境敏感点设置环保设备近 500 套。这些真金白银的投入，都是为了实践“绿水青山就是金山银山”的理念。

因地制宜，将环保痛点变亮点。建金高速和临建高速都是典型的山区高速公路，为了破解山区高速弃方难、黄砂紧缺两大难题，指挥部提前谋划集约化生产链，利用全线隧道洞渣，建设机制砂、碎石自加工生产线。这一先进工艺的引进，既减少天然砂资源利用，又有效保护了河道和生态环境，还避免了洞渣堆放造成的环境污染。浙江省公路建设项目机制砂应用推广现场会在建金高速召开，建金高速的机制砂应用经验得以推广。临建高速借鉴建金高速经验，着力打造环境友好型、资源节约型的绿色建设模式，机制砂生产达 190 万吨，减少水土破坏 250 万方。

几条高速公路都从建设期开始，就谋划了未来营运期间的生态管控。原杭州板块超前谋划，在施工期间对未来桥面径流生态防治设施的提升和完善，成为浙江高速生态建设的一大亮点。建金高速新安江特大桥所处位置为Ⅱ类水体，建成后桥上车水马龙，桥下碧波流淌，是杭州都市圈范围内少有的山水加交通景观。为了避免将来桥面雨水携带污染物进入江水，同时避免发生危险化学品等泄漏污染下游水体，指挥部为新安江特大桥设计了桥面径流污水处理系统。桥面上的污水和危化品通过储存调节系统、生态水沟、处理系统得到层层净化，然后再排放，最大限度减少了运营期对水质的影响。

西复线富阳服务区设计施工时也把眼光放到了营运之后。他们依托山水景观，因地制宜地打造全省首个开放式服务区。这个以“展示地方特色的窗口、实施乡村振兴的入口”为主导，按照五星级标准建设的服务区，将成为类似城市综合体的服务节点，同时向高速公路驾乘人员和周边居民开放，提供高品质生活服务。

红色为引擎

以大党建引领大项目。从建金高速的“456”党建一体化创新平台，到西复线杭绍段的“三联三创”，再到如今原杭州板块以“党建联合体”为品牌的党建新格局，原杭州板块从未停止过对党建的探索和实践。

高速公路建设的环境越来越复杂，建设要求也越来越高。尤其是项目前期面临着土地报批难、征迁难等问题。如何打破地域、领域限制，有效团结各方力量、整合资源，充分发挥责任主体的能动性？原杭州板块以联合体党委为核心，下设要素保障党支部、品质工程党支部、阳光工程党支部，以“1+3+N”联动模式，创建了跨地区、跨组织的“党建联合体”。“1133”党建工作法有效地将党的领导作用、支部战斗堡垒作用和党员先锋模范作用，贯穿到项目建设全过程、全领域、全环节，打破了地域领域限制，汇聚了沿线地方党委政府、省市行业管理部门和各参建部门的合力，实现了项目建设共商共建共享。

征迁和土地报批是项目前期的重难点。要保障党支部将责任明确到各部门，同时激发每个党员的最大潜能，推行党员领办项目制度。组织项目部党员“走进去”，主动走村串院，就征地拆迁、工程质量、施工安全、环境保护等地方党政和群众所关切的情况，虚心征求村镇意见建议，面对群众不理解的情况耐心沟通解释，以推动项目建设。同时将地方党员、群众代表“请进来”，实地参观考察工地，加深对施工企业和施工作业的认识了解。

针对高速公路项目存在的廉政防范风险，原杭州板块创建了全省首个交通建设项目审计三方协作机制，通过建立健全与审计全覆盖相适应的工作机制，统筹整合审计资源，有力推动工程建设项目廉洁高效。阳光工程支部大力推动“十二公开”阳光工程建设，依托动态管理平台，实现建设依据、廉洁从业、招标工作、设计管理、征地拆迁、履约行为、监督服务、工程进展、文明施工、立功竞赛、质量管理、安全管理等“十二公开”，主动接受社会各界的监督。

品质工程党支部以项目需求为导向，从项目建设理念、工程设计和施工、技术和管理、安全和质量、科技和人才支撑等方面入手，打造项目“品质工程”，达到项目“工期更短、质量更优、造价更低”预期效果，杜绝发生质量安全责任事故，确保“公路交通优质工程（李春）奖”，争创国家优质工程奖。

党建在人才培养当中的作用也充分体现。打造“党建＋党员带头人”，拓宽选人视野，以党支部书记作为带头人项目的核心标杆，选树一批党员青年骨干、技术骨干甚至普通党员作为党员带头人。多部门联合开展“师带徒”活动，签订师徒培养协议，制订长期人才“传、帮、带”培养计划，帮助新员工尽快实现理论和实践的有效衔接，适应工作岗位要求。打造“党建＋党员大师工作室”，成立技能大师工作室，以党员技术人才为骨干，充分发挥党员的先锋模范作用。围绕有效发挥党员技能大师带头人作用，明确研发一个项目、攻克一个难题、发明一项专利、健全一套机制、形成一批成果等“五个一”职责。成立技术攻关小组，组织项目工程技术人员解决重大疑难问题及技术攻关工作，培育技术质量后备人才，加快项目工程进度。

路漫漫其修远兮，吾将上下而求索。原杭州板块用汗水浇灌收获，以实干笃定前行。贯彻落实交通强国要求，履行交通建设主力军责任，原杭州板块只争朝夕、奋发进取，不负韶华、不辱使命，建设人民满意交通，为杭州都市圈绘就了绚烂的一笔。

免 入

韶华不负

We are worthy of our time

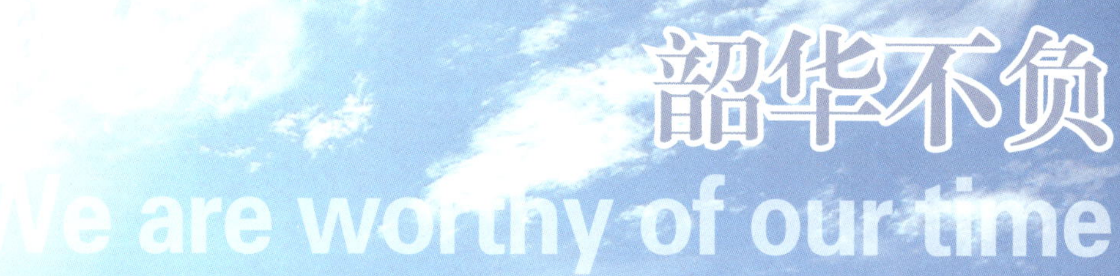

群山之间，江河之上，杭州都市高速公路四大项目如卧龙匍匐穿行其间。这是数万建设者历经数载，用心凝结的磅礴史诗之作。当一条条高速公路的笔墨风干，历史将铭记那些书写者虔诚的身姿与昂扬的斗志。

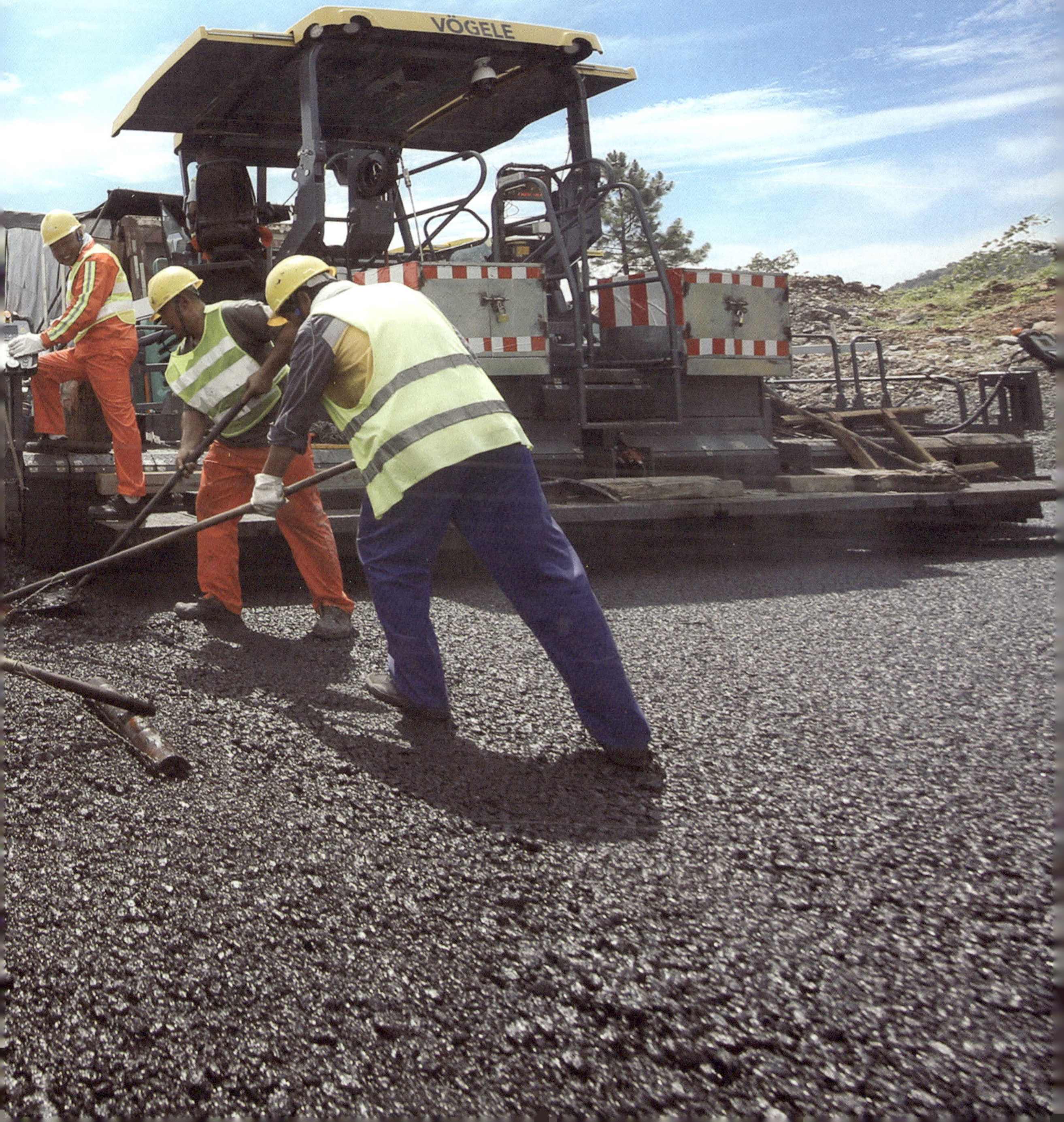

打造土地报批的样板经验

2020 年 8 月 3 日对于原杭州板块土地报批小组来说，是有纪念意义的一天。这天，临建高速土地获批，项目全面开工。至此，原杭州板块所有项目土地报批任务圆满完成。

编制前期工作指南　让土地报批有章可循

土地报批是高速公路建设管理的重要组成部分。原杭州板块刚成立不久，团队成员之间尚需磨合，但时间不等人，土地报批不下来，施工队伍就没法进场开工。原杭州板块迫切需要推动土地报批专业化、制度化。

2017 年，原杭州板块针对土地报批难题，统筹板块力量，组成专业报批小组。在土地报批小组成员周立看来，土地报批小组的成立使团队的优势得以充分发挥。土地报批涉及与地方、省市和国家层面行业主管部门的沟通，土地报批小组打破了各个层级报批人员各自为战的局面。

“有时我们去省里沟通，虽然以板块层面为主，但是沟通之后还是需要项目指挥部来落实，所以指挥部人员也会同去，省去了中间环节，工作起来更加方便。指挥部去和地方沟通的时候，可能存在对政策不够熟悉了解的情况，板块层面人员也会跟着到现场。地方政府有什么诉求，有什么样的问题，这些板块都可以第一时间知道，协助采取解决措施。”如此，大家各自有明确的分工，又能团队协同作战。

基于建金高速、杭州绕城西复线的土地报批经验，原杭州板块在设计深化优化、设计施工深度融合、工程造价合理控制、品质工程建设谋划以及加快前期审批、规范征地拆迁、创新项目党建、规范项目管理等方面，不断总结经验，与省、市相关部门建立了良好的联络机制，实现了资源共享，为后续承担新项目建设管理积累了经验，专业化建设管理板块的优势已初步显现。

2018 年原杭州板块着手编制《高速公路前期工作指南》，2019 年正式出台，对土地报批工作流程和要点作了详细介绍，关于土地报批小组的工作职责和管理制度也更加明确，避免了因为分工不到位造成相互推诿。

除了总结经验，在土地报批过程中，原杭州板块也在不断探索新的方法。临建高速在初步设计阶段就邀请专家结合土地报批要求对红线用地进行审查，结合土地报批数据库，比对各项用地指标，适当调整服务区和沿线设施，使其尽量不占或少占永久基本农田，规范用地红线。就这样一段一段地对设计图的整条线路从头看到尾，用了大半天时间，确保万无一失。

一般来说，设计图审查都是以工程建设角度为主，专门就土地报批开展审查，这在业内是非常少见的。事实证明，这一做法非常有效，后来土地报批没有任何一块用地出现问题。“以后要是有新项目，我们还是会延续这个做法。”周立说。

发挥“盯关跟”精神　缩短材料审批时长

土地报批涉及的材料多、部门多，流程复杂。原杭州板块土地报批小组发挥“盯关跟”精神，保证流程的顺利推进。在项目报批的关键节点，原杭州板块专门有人员常驻北京办公，以便随时到相关部委办理报批事项。

2018年底，西复线杭绍段的土地报批材料通过电子系统上交到自然资源部。这意味着土地报批经过前期的层层审查，终于进入了最后一个环节。过程中，首先需要窗口审查，然后再由经办人员处理，如果不出意外，胜利就在眼前了。

然而过了一个星期，还不见处理结果。土地报批小组主动到自然资源部了解情况，才得知经办人员根本没有收到报批材料。这是怎么回事？窗口审查明明已经通过了，报批材料去了哪里？几经周折，终于发现了原因，原来是由于系统原因导致数据丢失。为了提高办事效率，原杭州板块当机立断，直接联系该系统的运营单位，恢复了正常的报批流程。虽然事情过去了很久，但周立想起这件事还是有些小得意：“系统出错是非常小概率的事情，如果我们没有专门盯着报批流程，可能过去十天半月也没发现出问题，耽误一个多月也不是没有可能。”

浙江省自然资源厅实行多处室联审制度，总共涉及七个处室。等到七个处室的意见都汇总了之后，再形成正式的补充意见，指出存在的疑问或错误，由报批单位进一步解释或修改。按照这个办事程序，一旦一些处室进度稍慢，就会耽误整体进度。原杭州板块另辟蹊径，直接派报批小组成员与各处室的经办人员对接。也就是说，提前询问经办人员的审查意见，这样一来就可以尽早着手准备补充材料，过程中也密切与经办人员保持联系，使材料不断趋于完善。等到正式的补充意见出来后，就能第一时间启动补件流程。相比常规的被动等待，可以将补件流程从两个月缩短到半个月。

在省自然资源厅加班　连夜补齐报审材料

2020年，国务院下放用地审批权。原杭州板块土地报批小组紧盯最新政策，在《浙江省承接国家委托用地审批权试点实施方案》发布后，主动向省自然资源厅相关处室对接汇报，推动临建高速项目组件纳入新审批系统审查流转。

省自然资源厅每月召开一次用地会审。报批小组定下目标——要让临建高速土地报批优先排上省厅会审会。报批小组的吴页当时还在休产假，为了有效推进临建高速报批会审前的材料审查，她主动向领导提出自己到省自然资源厅配合沟通："我对土地报批比较熟悉，家离自然资源厅也近，这块工作就交给我吧。"领导拗不过她，只好同意了她的申请。她的做法也得到了母亲的理解和支持，为了方便照顾刚满月的女儿，她让母亲抱着孩子一起过去。那段时间，在省自然资源厅经常可以看到祖孙三代的身影，吴页忙着与工作人员沟通协调报批材料，母亲则在一旁替她照顾宝宝。

经过前期紧张的准备工作，临建高速的土地报批上会在即。正当松了一口气的时候，却从省自然资源厅传来消息：临建高速地类解释说明存在偏差，没有通过综合会审处室的会前审查。此时，距离用地会审会只剩下两天时间，怎么办？摆在临建土地报批小组面前的有两个选择：要么争分夺秒把材料补齐，要么就再等下个月的会审。土地审批不下来，开工就没法进行。为了不耽误工期，土地报批小组想都没想就选择了前者。

这是一场与时间的角逐。原杭州板块报批小组、临建项目地方指挥部、报批单位，所有人重新紧张起来。报批小组第一时间与杭州市自然资源局联系，说明情况并表示打算在当天将材料补齐，请求杭州市自然资源局配合工作。在该局工作人员看来，要在短时间内完成补件，这几乎是个不可能的任务。由于在前期报批过程中，原杭州板块与该局建立了高效的沟通机制，又或许是工作人员被原杭州板块的决心打动了，工作人员答应了留下来陪他们加班。

征得该局同意后，报批小组成员将办公地点"搬"到了该局办公室。当其他人都按时下班时，他们几个人却埋头在办公室商量报批文件的修改事项，反复修改了好几稿，最终得到了满意的方案。本来报批材料还需要县一级先盖章，但考虑到时间紧迫，该局特事特办，越过县级直接盖章后发给省自然资源厅。忙完这一切，时间已是晚上9点半。

两天后，也就是2020年7月10日，省自然资源厅用地会审会召开，临建高速建设用地顺利过会，7月24日通过省政府审批。

值得一提的是，临建高速项目对耕地占补平衡申请了容缺受理，有效解决了耕地资源暂时紧缺影响报批进展的问题。

攻坚软基处理难题的六人“男团”

用 26 万根搅拌桩撑起 32.5 公里“嫩豆腐”

软基施工质量通病必须“摘帽”

高速公路品质好不好，行路舒适度是最为直观的体验。然而，在交通行业内有一句话叫作“桥头跳，浙江到”，说的就是浙江桥头跳车。这说明软基问题在浙江交通建设中还没有得到根本性解决。

西复线湖州段项目位于杭嘉湖平原水网地区，全线软基路段共计 32.5 公里（含匝道和连接线），局部路段软土厚度超过 30 米，是目前全省在建工程中软基施工体量最大的项目。

为破解软基处理难题，西复线湖州段指挥部成立了软基课题小组，开展搅拌桩软基加固施工全过程深层搅拌桩监控仪质量管控系统研究。2017 年大年二十五的晚上，在全国人民喜迎春节之时，软基课题小组和来自上海、苏州以及浙江省内多地的软基专家却齐聚在杭州赞成宾馆的小会议室里，展开激烈的思想碰撞。“浙江软基施工是长达 20 多年的质量通病，更是我们交通人的心病。”时任西复线湖州段指挥部副总指挥的程义在专家讨论会上明确指出软基施工质量提升的紧迫性。他表示此次以湖州段项目为试点，实行“摘帽子”工程，必须解决好浙江省软基施工质量通病问题。

身为“软基课题小组”的“老大哥”，西复线湖州段指挥部工程处副处长陈毅首当其冲地提出对水泥搅拌桩施工和沉降监测数据采用“物联网+”技术加强管理：“只有让隐蔽工程‘可视化’，确保全过程质量管控，才能从根源上杜绝传统搅拌桩施工的管理缺陷。”这个大胆的想法在当时实属首例，鉴于当时仅仅停留在课题研究层面的“物联网+”技术，如何将其应用于施工全过程质量管控并向全线推广，对于指挥部、施工单位以及施工班组来说都是不小的挑战。历经 7 小时的激烈讨论后，西复线湖州段的软基设计最终敲定了该方案。而对于软基课题小组来说，这项艰巨的任务才刚刚开始。

6 套试桩方案　一人一机全时段驻点

方向明确之后，陈毅带领小组成员立即“动”了起来。迅速召集 3 个标段，只花一个月完成招投标工作，引入新系统，为试桩铺平道路。与此同时，课题小组立即学习运用新系统，并做好试桩前期准备工作。

“软基处理完成后，才可以进行下一步路基施工。所以这次试桩，求稳必胜。”陈毅说，结合过去十年的试桩工作经验和设计院古海东博士提出的建议，团队讨论出 6 种试桩工艺，并且每种工艺应用到 6 根桩上，多管齐下的试桩方案能确保万无一失，而课题小组的工作量却大幅增加。

“去年 4 月，每天早出晚归，驻扎在工地上，”徐渊是团队中年龄最小的，他表示，“我们小组都是年轻人，试桩虽然辛苦，但能让我们学到新技术，每个人都特别有干劲。”为确保试桩数据的有效、实时采集并上传，课题小组 6 个大小伙儿一人一机，全时段驻点在现场，盯牢 36 根桩从现场后台制浆、送浆到打设的每一步。提起这么做的原因，陈毅说：“只有我们都以身作则抓牢每一个环节，施工单位和班组才会意识到这项工作的艰巨性。”从后台制浆、送浆到打设，36 根试验桩在物联网技术的远程监控和 6 位小组成员的注视下成长起来，不仅实现了每根搅拌桩质量全数字化、施工全过程跟踪、可反馈和可追溯，更为进一步提升水泥搅拌桩、预应力管桩等施工质量管控提供了真实有效的试验标本。小组成员胡伟东用“辛苦，但值得”形容那一段试桩的经历。

历时四个月，新系统成功匹配应用，搅拌桩的最佳配比也新鲜出炉，搅拌桩桩身均匀性、芯样完整性均得到显著提升，传统施工中的偷工、偷料、检验数据造假等问题即将成为历史。

大面积铺开作业　改变工人的作业习惯

理想很丰满，现实太骨感。当“物联网 +”搅拌桩施工的新系统在西复线湖州段全线铺开应用时，工人操作失误、搅拌桩叶片断裂等问题又接踵而来。

因为不习惯数据的输入方式，工人们经常出现漏输、错输的问题，软基课题小组的首要任务就是把这些错误扼杀在摇篮里。白天，在工地上监督工人操作使用，紧盯每根桩的施工工艺是否规范；晚上，团队汇集在指挥部，复核实时数据上传情况，不断反思数据漏洞原因。陈毅形容那时候团队的工作状态：“一个人的精力根本不够用，恨不得多来几个分身。”但是大家目标一致，这块“硬骨头”必须啃下来。2018 年 5 月 9 日晚上，团队召开紧急会议。指挥部全体为组员们提振士气，当大家回望初心——解决全省交通建设行业质量通病的时候，“团魂”被再次点燃。

之后的半个月内，整个团队以前所未有的执行力攻克难题，第一时间想出最优解决办法并执行。比如，将搅拌桩的叶片数量增加到 6 片，从而避免叶片断裂后报废一整根桩的情况，也增加了桩身的搅拌次数，提高了均匀性；比如，在物联网监测平台升级优化监测系统，显示复搅情况，通过成桩时间的返算，从而杜绝“超速桩”的存在；比如，新增预警系统等等。“有了这套系统，作业最高峰时候有 115 个搅拌钻机同时开工，后台也能从容应对各种突发情况，极大提升了项目施工的管理效率。”陈毅说道。

引领“物联网 +”　从课题走向施工

如今，西复线湖州段通车在即。在“物联网 +”技术的全过程质量安全管控下，水泥搅拌桩取芯合格率达到 90%，全线最大累计沉降量只有设计预计的预压期沉降量的三分之一，桥面平整度控制在 3mm 以内，软基通病治理成果显著。在大家共同的努力下，26 万根搅拌桩“聪明”地撑起了 32.5 公里“嫩豆腐”，为全省交通建设树立一个样板经验。

另一边，由这 6 位年轻人编纂的“基于物联网技术的搅拌桩软基加固施工全过程质量管控系统研究”课题也荣获首届浙江省青工创新创效大赛银奖；2018 年 5 月，中美软基处理交流峰会的专家们专程前往西复线湖州段交流软基处理经验，软基施工成为跨国技术交流的“试验场”。

学术和实践都取得了喜人成绩，不过，这个团队的梦想远不止于此。陈毅常常提醒团队成员们思考“我们能为行业带来什么”。基于一年的现场试验数据和理论分析，结合浙江省水泥搅拌桩检测的实践经验和研究成果，团队又创新性提出了基于物联网技术的搅拌桩施工质量等级评定办法，成为具有全行业推广价值的宝贵经验。“从一个样板经验，到行业新标准。只有这样以点带面的思路，才能真正引领浙江路桥建设迈向更科学、更高效、更高质量的新台阶。”陈毅说。

这个平均年龄不到30岁的软基攻坚小组，汇集了重点大学毕业的高学历人才，大家都从施工现场的技术员做起，一步一个脚印，将高速公路路基、桥梁等施工内容牢牢刻在脑海中，将学生时代的知识与现场宝贵的经验紧密结合，敢于破解在高速公路建设中遇到的一个个难题。这些新时代的交通人，正脚踏实地、智慧创新、与时俱进、一丝不苟，践行着品质工程建设理念，为浙江的交通版图绘出新的宏伟蓝图。

大局谋划　共谱华章

一颗种子，如果没有合适的土壤，就无法成长、成材、开枝散叶；

一片土壤，如果没有鲜活的种子，也无法孕育、涵养、收获满怀。

如果说成百上千的“建设勇士”是那一颗颗种子，那么西复线杭绍段的建设工地就是他们扎根的土壤。

在这个肩负重要使命的集体里，他们就像一颗颗鲜活的种子扎根于肥沃的土壤，日复一日，年复一年，不惧暴风骤雨，前赴后继，立足大局，谋划长远，共谱时代华章。

心中存有大局　行动践行大局

古语有云：“知行合一，行胜于言。”是否真正具有大局意识，根本标准在于能否将它正确运用于实际工作中，将心中的大局与实际中的大局融合归一。

2019 年 7 月 6 日，杭州良渚古城遗址成功列入《世界遗产名录》。这背后离不开各方的共同努力，其中西复线杭绍段工程的线路调整功不可没。西复线杭绍段指挥部为保护《世界遗产名录》中的良渚遗址，在多次修改施工方案后，决定多花近 3 亿元，绕行 6 公里。为最大限度保护良渚古城遗址，整个项目在线位设计时就已规避了良渚古城遗址核心区。虽然绕开了良渚古城核心遗址核心区，但文保部门在后续发掘过程中发现，西复线的线位依然涉及良渚古城外围水利系统蜜蜂弄、石坞等多条坝体及环境。

良渚古城遗址申遗是国家大事，而作为配套亚运会的重大交通基础设施保障项目，西复线杭绍段也必须如期完成。面对双重矛盾，所有工程部的同事们一起熬夜加班，开会、研讨，寻找解决问题的出路。“那时候没有好好睡过一宿的整觉，我们的调整决定，既不能影响良渚申遗，也不能耽误工程进度。本想通过建设立交桥上跨的方式来越过水坝遗址，但经过国际国内专家和国家、省、杭州市文物部门充分论证，这里无法进行大型工程建设。”时任西复线杭绍段指挥部副总指挥张雪锋说。在多次研讨论证后，指挥部最终决定再次让出外围水坝遗址。

线路的再次调整，不仅得到市民们纷纷点赞，杭州良渚遗址管委会特意发来感谢信，“感谢项目部克服重重困难在良渚古城遗址申遗工作中所作出贡献，守护了杭州沉淀千年文化底蕴的古遗址。”这也成为指挥部全体人员大局意识的最好印证。

浙江交工
预制构件钢筋加工厂

把握大局立足于“新”，认识大局要看到新变化，服从大局要体现新标准，服务大局要把握新要求。西复线杭绍段的大局意识不仅体现在项目前期规划上，也体现在项目管理过程中。

毛理华作为工程科业务骨干，着眼大格局、秉持大胸怀，通过采取“差异化管理”措施，加大对后进标段的服务，使各标段均衡推进。

TJ02 标段项目管理力量弱，存梁压力大，施工进度慢等严重影响了整个项目的施工质量。他带着十多年的施工经验，深入项目一线，了解项目推进中存的问题，每周参与进度分析会议，安排人员设备配置，协调解决项目存在的困难。“当时 TJ02 标梁预制场存梁压力大，施工进度无法保障，再这样下去，整个项目都要受到影响。我除了要协调 TJ01 标调整施工计划、增加机械设备，还要及时完成路基的施工，用于 TJ02 标梁板存放，存梁压力得到缓解，预制场的产能也发挥到最大。”在与他交谈的过程中，他没有把自己当作业主，更多的是项目建设者。“我之前在省交工上班，我知道作为施工人员，建设过程中的难题如果解决不当，肯定会影响整个项目的高质量发展。如今，我作为业主单位成员，帮助沟通协调，解决难题，会更加顺畅。如果是他们自己去沟通解决，这个时间成本会更大。”

通过对后进标段 TJ02 标的差异化管理，帮助解决施工单位存在的问题与困难，半年时间后 TJ02 标段赶上了进度，按期优质地完成了各项建设任务。

细节彰显品质　匠心成就大局

“大局观”的谋划，离不开“战术细节”的周密实施，匠心致以初心，细节彰显品质，工程建设也是如此。

运行 15 年的中埠收费站永久退出历史舞台，而全新的西复线中埠大型枢纽也已经揭开全新面貌。作为西复线杭绍段工程重要节点之一的中埠枢纽，是西复线与杭新景高速公路（简称“杭新景高速”）交叉组成的大型交通枢纽，使西复线与杭新景高速之间交通得以顺利转换。自 2018 年以来，项目进入全面施工阶段，西复线杭绍段涉中埠枢纽的原中埠互通关停问题也不断发酵，成为项目推进的“卡点”，直接影响中埠枢纽这一控制性工程的按时建成。

“卡点”的关键争议点在于龙门古镇互通的归属问题上。通过多次反复沟通协商，最终在行业主管单位、参建各方的共同努力下，杭千中埠互通收费站顺利关停，同时成为西复线项目顺利推进的重大突破。李丕伟就是此次突破的见证者之一。

杭千公司从开始“强硬”的姿态逐步转变为“友好”的合作态度，在最后中埠收费站公示期间更是主动配合。这与他近十年的交通规划设计工作有着相辅相成的关系。在与杭千公司最初的接触过程中，他发现中埠互通关停工作中最大的困难莫过于中埠收费站和龙门古镇

收费站“拆一还一”原则能否落地，龙门古镇互通归属问题、经济效益影响等。这一接触就是半年，从一开始与杭千公司中层领导沟通，再到上级领导，每一次沟通交流对方都会抛出不同的顾虑。但他知道，即使得到行业主管单位的认可，若不解决他们的顾虑，这项工作也迟迟无法推进。选择站在对方的角度考虑问题，改变观念，得到认可，才是解决问题的突破口。

“记得有一次，杭千公司的项目经理把我带到中埠收费站，什么情况对我们双方最有利？我们梳理了很多问题，包括安全性、社会稳定性以及交通组织方案等。他们的顾虑我十分理解，站在他们的角度，给他们一个系统性、完整性的规划，或许能成为这件事情顺利解决的关键。”带着近十年的交通规划工作经验，回到指挥部后，他与部门同事一起熬夜加班，顺利完成了一系列完全性评价、社会稳定性评价、调整后的交通组织方案等系统性规划。

通过沟通各自的意图，项目组快速调整战术细节，给予系统性的分析，逐步改变对方的认识，得到行业主管单位的认可，最终自愿达成协议完成合作。如果说中埠枢纽问题的顺利解决是战术细节周密实施的一次偶然的成功，那么打通关键“命脉”，是西复线杭绍段最大梁板预制场“获得新生”的必然结果。

征地拆迁拆不动就建不动，是所有项目建设的“卡脖子”难题，西复线杭绍段也遇到同样难题。汪家埠枢纽处的高压杆线青山线迟迟无法迁改，这根细小的“鱼刺”恰好横在全线最大的梁板预制场西复线杭绍段 TJ03 标预制场的出口，项目建设一度陷入僵局。“如果再不及时迁改，我们的梁板预制场就只能停工了，损失更是无法估量。”3 标项目书记刘雪文急得像热锅上蚂蚁，却毫无办法。

青山线横跨临安、余杭两地，情况复杂，强制拆迁会对沿途工厂的生产造成影响。谈判经历数轮，对方却迟迟不肯答应。“一遍遍地上门，一遍遍地细致解释，还是吃了闭门羹。”他眉头紧锁，心中焦虑。

及时调整思路、指挥部领导以及地方政府给予帮助使得这件事最终迎来了转机，但此时工程建设进度已十分紧张。“我们及时更换思路，用起了‘盯关跟’的做法，效果立竿见影，仅用 10 天时间就完成原本需要数月的审批手续，街道分管城建的负责人老是叫我们为‘吸铁石’，他去哪里，我们就跟到哪里。”他的话语中透露着些许自豪感。

谋定而后动，西复线杭绍段指挥部将战术细节发挥得淋漓尽致，在项目建设过程中谋划大局，及时调整方案，取得了一个又一个阶段性的胜利。

以人民为中心　有效服务大局

一边是高速公路建设，一边是鸭场鸭子因施工放炮被震坏；一边是按政策规定只能人道主义赔偿，一边是鸭场主人夫妻相继患肿瘤。西复线杭绍段7标项目部，通过员工内部捐款、上级资金争取，为鸭农募得10万元。像这样的事情，在西复线杭绍段建设过程中屡见不鲜。指挥部始终坚持以人民为中心，有效服务大局，融合工程建设，创建路地同心。

2020年初，因为新冠肺炎疫情的强大冲击，富阳区胥口镇沃凯家庭农场蔬菜种植户徐成的白菜严重滞销，眼看脆生生的白菜就要错过食用期，只能腐烂在地里，他彻夜难眠，眉头紧锁。指挥部党支部书记、副指挥吴华宾偶然得知这一情况后，便立即联系富阳区重大交通项目建设指挥部，携手全线29个参建单位，集体认购了地里剩下的全部15000斤白菜，不仅解决疫情期间指挥部及各参建单位物资紧张问题，也解决了农户的销路之难。“农民种点东西不容易，能帮他们一点我们也很高兴，浙江交通集团在争做世界一流企业中，特别强调在履行社会责任上争做一流。另外，我们建设过程得到他们很多帮助，也希望通过我们的心意，表达对富阳人民的谢意。”殊不知平日严肃认真的吴华宾，时时刻刻关心着沿线的人民群众。

除了在生活上给予沿线百姓帮助以外，为配合富阳“城北片区”的联动发展，指挥部还鼓励TJ05标段主动帮助“城北片区”的4个自然村修缮连通外界的主干道，沿线村容村貌由此焕然一新。这些道路的修缮为沿线村民的生产、生活带来极大的便利，赢得了周边百姓的一致称赞。

在整个项目建设过程中，像这样的事情还有很多，如何既按照标准做事，又能帮助解决沿线人民的困难，是指挥部所有工作人员的工作情怀，也是“路地同心”的完美诠释。

大局不可忘，趋势比人强。西复线杭绍段的所有建设勇士们自觉在大局中想问题、在大势中谋发展，在服务大局中抓住机遇、在顺应大势中借力借势，赢得主动，当好全省交通事业发展排头兵，创造“交通强省”更美好的未来。

防疫战中的“铁军力量”

2020 年是建金高速、西复线杭绍段和湖州段的决胜通车年，也是临建高速开工建设的起航之年。正当大家满怀壮志准备大显身手的时候，突如其来的新冠肺炎疫情在中国大地肆虐开来。原杭州板块建管的四个项目全长约 300 公里，线路长，涉及 11 个县（市、区），共有 74 家施工、监理单位，高峰时作业人员达到 18000 人以上，疫情防控面临严峻的挑战。

疫情牵动人心，也激发壮志雄心。在这场没有硝烟的战争中，原杭州板块指挥部及四大项目表现出了超乎寻常的责任感和行动力。在疫情最严峻的时刻，他们用最美逆行诉说着心中的信仰，用满腔热情履行着肩上的责任，用实际行动向世界宣告——这就是团结的交投人，这就是磅礴的铁军力量！

往事历历在目，让我们再回首，去寻找那些动人的瞬间。

提前返岗　最美逆行　总有人选择逆行而上

2020 年春节刚过，正是浙江疫情最严峻的时期，每天感染新冠肺炎的人数都在增加。就是在这样的时刻，原杭州板块不少职工都在想办法提前返岗，总师办的刘金秋就是其中之一。她大年三十才回到家乡，本想着和一年多没见的父母好好聚聚，然而疫情将她的计划全盘打乱。“虽然辽宁相对浙江安全多了，但作为一名党员，我要提前回去，项目建设更重要。”她的决定得到了党员父亲的鼎力支持，大年初四从辽宁老家回到杭州后，她第一时间来到公司，迅速进入到工作状态。

“我要提前回去，项目建设更重要。”刘金秋的这句话也是原杭州板块各个项目管理者的普遍想法。当刘金秋千里迢迢搭乘飞机回杭州的时候，建金高速指挥部党支部书记、副指挥张乃斌正和家人进行一场“谈判”。想到假期结束后复工复产存在的防疫风险，他就在家坐立难安。当他说出提早返岗的想法时，母亲很是担心：“现在还没复工，一定要去单位吗？”这时，他的父亲说了一句：“他是支部书记，危难时刻必须冲在前。”妻子虽然有万般不舍和无奈，也只好让他保护好自己。于是，张乃斌简单收拾行李，单枪匹马回到了建金指挥部。

张乃斌并不是一个人在战斗。2020 年 1 月 31 日，新冠疫情防控领导工作组在建金高速成立。领导小组成立当天，安全处王飞从杭州家里驱车 200 公里赶到指挥部。200 公里外的杭州，王飞的妻子一人支撑起一个家，大宝每天要辅导功课，小宝才 3 个月大。“今天妈感冒了，我实在撑不住了，你真的不能回来一趟吗？”接到妻子的电话，听到那端低哑疲惫的嗓音，王飞心里一紧：“先让妈在家中进行自我隔离，量体温，做好记录，有情况给我打电话。辛苦你了。”

临建高速的毛群龙听说原本计划返岗的同事因故隔离后，毫不犹豫地主动申请提前返岗。事实上，他此前已经在家进行“掌上办公”多日。“在家办公，总还能抽空陪陪家人，提前回单位，孩子难免有点不舍。不过这个时候作为党员就得上。” 为了打消他的顾虑，毛群龙的岳父主动挑起家庭疫情防控工作的大梁，“家里有我，一线有你，放心去做吧。”因为共同的信仰和担当，毛群龙接过老党员的接力棒，“逆行”奔赴防控一线。

编制指南　统领全局

原杭州板块谋划在先、准备在前，将疫情防控和复工复产流程“标准化”。随着刘金秋牵头编制的《杭州板块复工疫情防控和安全生产工作的指导意见》等有效措施的陆续印发，原杭州板块创新提出了“军事化 + 社区化”管理模式、“三级网格化”管理、和属地相关单位联防联控、疫情防控专员、为每个施工人员设置“一人一档”健康档案等有效措施，实现此次复工的全流程、全方位、全覆盖的疫情防控管理，为项目安全快速复工打下良好基础。

2020 年 2 月 19 日，省交通集团将《交通建设项目复工疫情防控操作指南》（简称《指南》）编制任务交给了原杭州板块。2020 年，省交通集团共有 20 个高速公路、铁路在建拟建项目，综合交通项目投资占全省的近三分之一，该《指南》将成为这些项目复工管理的标准化指导。

建金高速早在 2020 年 2 月 2 日就正式发布了《建金高速公

Honeywell

路建设指挥部新型冠状病毒感染的肺炎疫情防控工作应急处置预案》，成为全省在建工程中最早推出新冠肺炎疫情防控预案的项目之一，这是安全处王飞连续奋战 18 个小时的成果。当时省内没有可以参考的方案，王飞从上级主管部门对疫情防控的要求出发，结合自己的工作经验摸索、总结。同事看他连续工作太累了，劝他早点休息，他却说："疫情防控是一场战役，事情紧急不能拖。不然，明天就来不及发布了。"就这样，从当天下午 4 点开始着手，一直编写到第二天凌晨 1 点多才完成初稿，"写着写着就忘记时间了。"第二天，经过和领导同事讨论，反复修改了两次，最终定稿。

多措并举　防患未然

疫情防控，物资必不可少。疫情暴发后，防疫物资很快出现了紧缺，原杭州板块各个项目的管理人员多方渠道采购应急物资，以充足的储备解除后顾之忧。

2020 年 1 月 30 日，建金高速防疫领导小组还没成立，综合处章红光就提早从山里出发，驱车一个半小时赶回金华，花了半天时间跑遍整个金华城区采购应急物资。只要看到药店就进去问，但是每次都失望地走出来。踏破铁鞋无觅处，他突然发现路边一家药店正在卸货，就抢购了一些消毒药水、酒精等应急物资。回到家已是晚上 7 点半了。1 月 31 日，为了在 8 点半上班前赶到指挥部，他早晨 7 点就起床出发，争取到兰溪药店和超市采购部分应急物资。一早又跑了好几家药店和超市，采购了部分防疫物资，但他却忘记嘱咐妻子采购家用口罩和酒精。为此他甚至有些自责："说实话，对家人有很大的愧疚感。"

章红光只是为物资采购奔忙的人员缩影。西复线杭绍段指挥部梁钗军第一时间联系相关单位和供应商解决口罩、消毒水和额温枪等紧俏物资，随后安排专人、落实专车，自己亲自冒雨落实分配 12000 千克消毒水、额温枪 77 把、口罩 15000 只，缓解了防疫物资燃眉之急。与此同时，徐凯经过多方筹措，累计储备口罩 42000 余只、消毒液 12 桶，并采购中药汤剂 1040 剂，确保了指挥部防控物资储备充足。西复线湖州段李旭明主动向参建单位及个人捐赠近 500 只口罩，谈到捐赠口罩时，他说："西复线湖州段是一个整体，他缺就是我缺，我有就是他有，我会把所有的口罩都送到需要的人手上。"

复工复产　抢抓进度

一切防疫工作都是为了更好更快地复工。从疫情暴发之初开始，原杭州板块就加强疫情防控信息互通，组建复工微信群，及时发布并更新上级疫情防控要求和复工政策，了解各项目存在困难，大家互通信息，对复工审批流程、人员集中返岗、防疫物资采购等进行沟通和调剂；每日和项目指挥部的工程处长们沟通，结合当地人员管控政策动态调整先行复工点计划和全面复工计划，对复工审批、复工点数、进场班组人员全面掌握，因时因策动态调整。

2020 年 2 月 10 日，浙江正式启动复工申报。基于前期的充分准备，原杭州板块四个项目成为首批申请的项目。杭州绕城西复线项目推动杭州市交通局等五个单位审核人员创新组成联合复工审核小组，仅半天时间完成 3 个标段现场审核工作，为项目加快复工提供“强引擎”。

回顾制订复工计划的过程，临建高速的毛群龙颇有感触：“有时候上午刚确定，下午就接到参建单位的电话，说项目属地政府对复工时间有所调整，这样一来，原本定下来的计划内容就要重新变更，指挥部和参建单位都需要重新对接各项工作。”在不断地调整变更中，一天三四十通电话是常有的事，各种微信工作群也在不断更新消息，细节调整更是频繁，复工计划在毛群龙手上就来来回回修改了十来次。不仅如此，他还要帮参建单位想对策，出主意，确保足够的施工人员。

一手抓疫情防控、一手抓复工建设，近 300 公里的高速公路重启建设“加速度”。

智慧监理　全力推进监理新业态

在临建高速3标施工现场，现场专监王文斌在巡查中发现圆管涵涵背回填填料未采用设计所要求的级配碎石，且未按要求分层填筑。几年前，如果在巡检过程中发现类似问题，方文斌需要将问题记录在册，再通知责任人进行整改。而今天在现场，王文斌不必如此。轻装上阵的他不需要带烦琐的施工图纸，仅需在智监云App上查阅施工图纸，发现问题并提出整改意见，这些信息会第一时间发送给责任人并抄送给指挥部。三天后，施工方处理完毕，专监、总监重返现场复查，问题得到解决。王文斌所使用的智监云App就是临建高速项目智慧监理的代表产物。

临建高速坚持以信息化系统覆盖项目全过程建设，利用数字化平台实现监理、安全管控"智慧化"，全面争创交通运输部公路工程智慧监理科技示范项目，助力浙江省平安百年品质工程示范建设。

信息化监理到智慧监理的跨越

说到临建高速智慧监理的探索与推动，有一个灵魂人物，他就是陈国伟。自2011年至今，陈国伟从事公路工程信息化管理工作已经9年。从两年前建金高速监理信息化试点工作小组成员，到临建高速"151平台"以及智慧监理开发的主管，他见证了信息化监理到智慧监理的华丽转身。但是如何做出临建高速特色，甚至将智慧监理形成一套可复制模板在浙江省内在建项目中起到示范作用，这条路道阻且长。因此，临建高速指挥部在设计构思阶段便提纲挈领，在招标文件中明确推广智慧监理管理系统。回望2020年上半年，陈国伟直言"累且充实"。无数个深夜，当同事们已经进入深度睡眠，陈国伟的办公室依旧灯火通明。智慧监理系统除了内容框架需要搭设，其中还涉及大量的算法和标准录入，于是他在现有的资料上，反复检查，确保万无一失。直至第一版智监云App智慧监理系统上线，陈国伟才踏踏实实睡了一个安稳觉。然而这只是开始，用他的话说，智慧监理的探索研究就好比逆流而上，当你一只脚踏上船，另一只脚势必急速跟上，否则就是落后，就要栽跟头。于是乎，陈国伟又变成"调查员"，使用感如何？哪些问题需要改进？陈国伟一一记录在案，再和研发团队进行逐一升级优化，才有了今日的智慧监理云平台。

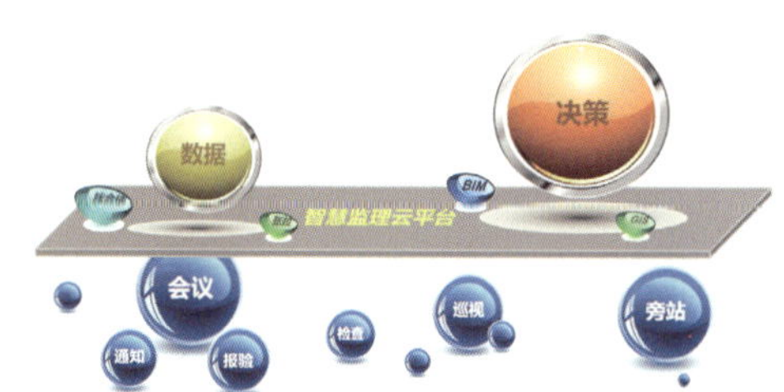

智慧赋能监理工作标准化

马晶，浙江公路水运工程监理有限公司临建项目信息化项目负责人，从事监理行业工作12年，自2015年开始，他便在江苏监理系统进行智慧监理的研究和开发。“江苏在智慧监理领域涉足较早，但是我从朋友那里得知，浙江为智慧监理搭设的舞台更广，我希望在这一方面能取得更大的突破，于是我来了。”2020年6月份，马晶来到浙江，成为临建高速智慧监理分项负责人。有了马晶在智慧监理领域积累的丰富经验，加之临建高速提供的广阔的施展平台，马晶干劲十足，一方面配合同事开发与应用智监云系统，另一方面，他将临建高速物联网、智慧工地系统与智慧监理系统关联，实现了限定范围的全面物联和智慧分析、智慧判定功能。

在他看来，智慧监理在监督监理行为的同时，对于监理工作也是一次极大的“瘦身”。智慧监理云平台通过流程限制，强制要求操作人采集相关原始数据、照片、视频等资料，并且强制要求这些辅助证据均来自现场拍摄，以保证监理资料真实可靠。这一切更为缜密、精准的规定动作看似烦琐，但能良好地督促监理工作，使其更为标准化。而智慧“瘦身”让其操作的可行性更高。目前，智慧监理云平台实现了公路在建工程的“监理旁站、监理巡视、工序验收、监理记录、隐患排查”等30余项监理工作的信息化、智能化和网络化，覆盖90%以上监理的现场工作内容，直接减轻监理人员内业工作负担30%以上，使工序报验全过程流转效率提升30%以上、工程现场质量安全隐患闭环处治效率提升20%以上、监理办总体运行成本降低10%以上。

智慧监理提升工程建设品质

在临建指挥部，毛群龙正在操作智慧监理云平台。人员管理模块实时显示着现场监理人员动态、出勤的精准定位、人员轨迹等情况。在几十公里外的施工现场，每个监理人员在手机App的安全管理模块，记录着自己的安全巡视、安全隐患排查、安全指令情况，并实时跟踪安全监理指令整改情况。在质量管理模块，监理办的负责人还可以根据每个监理人员在现场发回的工序验收过程中的图像、数据等实时信息，全程把控每道工序的施工质量，同时也解决了施工质量追溯难的问题。进度管理模块更是直观抵将工程进度划分至每一个工序，时刻累计工程完成进度，让工程管理人员随时可以查阅最新的工程进展情况。毛群龙有着8年施工管理、2年建设管理的丰富从业经验，智慧监理带给他前所未有的管理体验，“智慧监理区别于传统的管理软件。传统的管理软件仅仅把工作从线下转换为线上，而智慧监理更加强调的是在实现监理工作全覆盖可视化的基础上，更深层次地展现监理人员的履职能力以及对工程项目现场的质量、安全、环水保的如实反映和对大数据、物联网、BIM、GIS等技术的融合运用。智慧监理系统对监理人员的工作成果，提炼、分析形成数据，实现数据多方共享，最终为工程项目管理工作提供科学依据，保障工程的实体质量和本质安全。”无可厚非，智慧监理为工程建设品质的提升增添了手段。

提及“智慧监理”给工程管理带来的最大改变，拥有11年工程管理经验的徐金华用三个“更”道出了他的切身体会：更专业、更迅速、更精确。作为智慧监理的一个组成部分，临建高速项目积极使用智监云系统。通过该系统，施工现场的“问题项”会第一时间反映出来并迅速反馈给整改责任人，整改责任人在进行相关工作后再将整改落实情况反馈给系统，大大提高工作效率。“除此之外，智慧监理使无纸化质检资料成为可能，也就是电子资料的生成。”徐金华介绍说。

“竹外桃花三两枝，春江水暖鸭先知。”在“互联网+”浪潮风起云涌的大背景下，在努力建设交通强国的新时代，智慧监理已经成为长期发展的主流浪潮。以陈国伟、马晶为首的实践者已经成为浙江智慧监理领域的“弄潮儿”。我们有理由相信，在不久的将来，一套极具浙江特色的智慧监理将会遍地开花。

个人篇
Personal

徐志敏：“降本增效”的优化能手

从云和至景宁、龙泉至庆元等高速公路，到建金高速，建金指挥部工程处副处长徐志敏如今正在建设他职业生涯的第四个高速公路项目。13年，他参建的工程一直在变，从最初单纯的工程变更，到现在现场、进度、质量、设计、造价等全方位管理；13年，他所做的工作中心不变，一直围绕着“降本增效”。

从“菜鸟”到“老专家”

自收到大学录取通知书之日起，徐志敏的梦想就是成为一名优秀的工程师，为国家交通建设贡献一份微薄之力。在大学期间，苦读课本知识，积极投身社会实践，不断丰富社会阅历，他一直为早日实现自己的梦想“添砖加瓦”。

大学毕业后，徐志敏如愿来到省交通集团龙庆云景高速公路建设指挥部，梦想的舞台就此拉开了序幕。龙丽温高速公路是他建设的第一个高速公路工程，主要参与工程变更管理。“菜鸟”徐志敏犹记得，当时怀着忐忑的心情，看着一张张复杂的图纸，和前辈们讨论各个微小的变更细节。

高速公路的建设专业程度高，道阻且长，但行则将至。徐志敏先后完成了云和至景宁、龙泉至庆元、龙泉至浦城等高速公路建设管理，也从一个工程“菜鸟”，蜕变为经验丰富的“老专家”。2016 年 7 月，徐志敏调配到原杭州板块，开启他职业生涯的第四个高速公路项目——建金高速。

“遇到不能解决的技术问题，只要在电话里把具体情况描述一遍，他就能给出解决措施。按照他说的去办，问题很容易就会解决。”在同事的眼中，徐志敏是一个技术过硬、乐于分享的专家。

“这个行业不存在‘教会徒弟饿死师傅’的情况。”徐志敏说。“我非常乐意分享我的经验，新人成长起来，还能分担我的压力。”

如何学习规范和设计图纸，如何发现、解决问题，预防工程常见或类似问题重复出现，如何处理与施工、监理及与地方政府等各参加单位的关系……13 年的宝贵经验，徐志敏一遍又一遍地教授给来到项目的“后辈”。在他看来，做技术的新人更加需要前辈们指引，才能尽快完成角色转换，成为技术能手，独当一面，为浙江交通的发展提供充足的技术力量。

优化能手　通过合理的变更降低工程造价

“我的工作说白了就是通过合理的优化，降低项目的建设成本。”徐志敏说。

近年来，高速公路的投资建设成本不断提高，单位造价比早期高速公路高出一倍至两倍，如何控制好工程的造价对徐志敏来说是个不小的挑战。

来到建金高速的第一天，徐志敏就拿起建金高速的设计线位图，开始他的工作。他和团队通过对项目的施工图设计线位、核查地质勘察、桥梁跨径及桩长、隧道围岩等级及支护方式、路面设计参数和土路肩排水等设计的优化，合理降低了工程造价约 4.3 亿元；通过核减路基土石方工程量、优化改河设计方案和核减工程量等变更方案，节约工程造价约4800万元。建金高速通过设计优化和控制工程变更，降低工程造价约4.78亿元。

其实，通过合理的变更降低工程造价，这个“省钱”是可以计算的；而从可持续的眼光看，通过合理的设计，降低高速公路日后的运营成本，这部分的价值是不可计算的。比如，给排水设计不合理，极容易引发路基滑塌失稳等问题，不仅增加了维修费用，更会造成安全隐患，为此，徐志敏在建金高速开展“高边坡一坡一设计”，提升工程和完善“专项排水”设计工作。在施工阶段，通过充分的现场调查，掌握实际水文、地质、地形、功能需求等情况，徐志敏重新调整设计参数，建立完善的排水系统，提升工程稳定性及耐久性，避免了日后因工程排水系统不完善诱发水毁增加营运养护成本。

工作狂人　对家人总有说不完的亏欠

“我工作的内容，决定了我每一刻都不能懈怠。”徐志敏说，“每一个结构物的施工，背后都有数十道工序，上百个数据、参数，一旦有环节出错，势必会对工程的质量、安全、进度造成影响，所以我要对每个细节都是100%的掌控，确保项目顺利的推进。”

2019年，徐志敏开始负责项目现场督查的工作。那天，他来到建金高速新安江大桥检查的时候，需要上到主跨桥墩顶部，但是通道的门相对于徐志敏的身材来说过于狭小。

同事就对徐志敏说，“老徐，要不你就在下面等着，我上去检查也一样。”

徐志敏看了一眼同事，瞪着他说：“不行，我一定要上去。”说完就脱了外套，侧着身子，硬是挤了进去。

宽以待人，严于律己，做人做事一定要一丝不苟。这是徐志敏为人处世的方式。13年来，他始终坚持“白天下工地、晚上理内业、休息日电话待命”的工作方式，他每天上班工作时间超过12个小时，数十年如一日，在同事眼里，他是一个典型的工作狂人。

驾驶员小李告诉记者，徐志敏每次上车，第一句话总是，“快着点，今天赶时间”，然后倒头就睡。有一次，从兰溪到建德，驾驶员看他这么辛苦，想着让他多休息一会，就绕了点路，结果到了目的地，徐志敏醒来一看表，比平时慢了半小时，就把驾驶员给埋怨了一顿。“也想车开得慢点，这样就可以多休息一会，但更希望车子能快一点，这样一天就能多看几个工点。”

徐志敏把80%的时间给工作，15%的时间给学习，5%的时间给家人。对交通事业的无私奉献，注定了他对家人的亏欠。

徐志敏说，自己一心扑在工作上，家里老人、小孩全靠老婆来照顾。新婚买房，因为工作忙，拖了半年才去银行办好贷款手续；老婆怀孕期间生病住院，只能委托父母、朋友照顾；几乎错过了女儿所有成长环节……这些都是遗憾。

虽然把大部分时间都给了工作，但徐志敏也牵挂着妻子和女儿。曾经有过多少次，下班后拖着疲惫的身体回到指挥部宿舍，和妻子打一通电话，看一下女儿的照片，让徐志敏对工作和生活充满信心。她们的默默支持，给了他安心工作和奋斗的动力。

方阿土：在幽暗的隧道凿出阳光

他从幽暗的隧道走来，眼神一直往上；
他打着强光手电筒，研判隧道顶部是否正常；
在看不见的地方，隐藏着的是一个路桥人的良心；
他是方阿土，从 1982 年开始，专注交通工程 38 年；
如今，他已经成为项目上的隧道专家；
经过岁月的淬炼，显露出耀眼的光芒。

从初出茅庐的起重工到隧道建设的“活招牌”

方阿土是建金高速 4 标项目经理助理，高级技师，金华兰溪市人。1982 年，高中毕业的他先后供职于金华市兰溪县（市）交通局和当时的浙江省第二公路工程队（简称“二队”），开启了长达 38 年与路基、桥梁、隧道相伴的职业生涯。

1982 年，刚刚进入“二队”的方阿土就接到了一个重大的工作任务　　建设瓯江大桥。初出茅庐的他，既没有充足的经验，也没有成熟的技术，一切都要从零开始。然而，些许的紧张并没有阻碍方阿土的踌躇满志。他跟着老师傅，从最基础的起重工干起，吃得起苦，受得了累，虚心学习，大胆实践。我们看到方阿土很快就从一名普通工人走向了施工管理岗位，而背后的艰难，或许只有那被翻阅了无数遍的图纸和工地上的日升日落见证着。

1993 年，方阿土迎来了一次重大的挑战，参与建设浙江省第一条高速公路——杭甬高速公路。面对从未接触过的高速公路，方阿土作为主要的施工管理者，责任重大。似乎又回到了最初，同样是面对着经验借鉴的困难，但方阿土已经不再是当初那个初出茅庐的工人了。他有 10 年的施工管理经验作为底气，带领工人“摸着石头过河”，经历了浙江高速公路“从无到有”的全过程。

1999 年，方阿土投入金丽温高速公路的建设，从此，方阿土逐渐成长为一名“隧道专家”。当时的隧道修建，对于“二队”和方阿土来说都是全新的挑战。再一次，方阿土被委以重任，带领着 100 多人的施工队伍，在毫无经验的隧道施工中摸索前行。在最初的建设过程中，发生了许多惊心动魄的事情。方阿土回忆道，一次在石城山隧道内放炮后，突然有大量的岩石溶水伴随着石渣喷涌出来，眼看着浑浊的泥水漫过小腿肚，短时间便涨过 1 亩（约 666.6 平方米），施工人员都慌了神。方阿土当机立断，撤出所有施工人员，之后再陆续将施工设备撤出，确保安全后才继续进场施工。

这次经历，使方阿土对于隧道施工有了更深的思考。隧道施工的不稳定因素较多，更要关注岩层状况，查明地质地貌结构，全面消灭安全隐患。此外，他也认识到了自身的不足，全身心投入工作，日复一日，攻坚克难，最终成为项目上隧道建设的“活招牌”。

攻坚克难匠心独运　不忘建设者的初心

从业 38 年间，方阿土先后效力于杭甬高速公路、金丽温高速公路、台金高速公路、千岛湖小金山大桥、义乌疏港高速公路等 26 个大型交通工程的建设。一步一个脚印，做好隧道建设的每一个步骤，永远是他的初心。如今，方阿土又全身心投入建金高速公路 4 标的施工中，负责建设浙江省在建第二长、全长 7388 米的金华山隧道，

建金高速公路金华山特长隧道是省内首次采用竖井送排结合互补通风的模式，改变了特长隧道传统双竖井通风设计模式，同时也是浙江省内首个使用反井法施工工艺的竖井。根据研究成果，采用互补通风，对于长度在 6 ~ 9 公里的特长隧道，可以减少通风竖井及地下机房各一座，竖井直径也由 9 米优化为 7 米，大大降低了工程造价、施工难度及后期运营费用，大大降低建设成本和运营成本。

经过多年经验积累，方阿土大胆实践，优化施工工艺流程，效果非常好。在施工过程中，方阿土将预检台车、防水卷材台车、二次衬砌钢筋台车三车合一，改造形成多功能综合台车，大幅提升了施工效率和工程质量，同时也节约了成本。金华山隧道采用的全自动轨道式二次

衬砌养护台车施工工法获“2018年度公路工程工法”。科学的施工管理和紧密的工序衔接也加快了金华山隧道施工进度。方阿土说：“施工管理中，工序衔接比较紧密，比如隧道开挖支护就有非常多的工序，每个环节省下十来分钟，一天就可以多出两三个小时，这样一个月就能多出3天左右的时间，这样就实现了降本增效。”

方阿土的办公桌上放着一摞摞已经被翻皱的图纸，一本本密密麻麻记满了工作的笔记本，办公室的角落里塞着一双双磨烂了底的皮鞋……这些年，工地上的辛苦细节，都成了他最美丽的收藏。这些细节不仅仅帮助他的交通建设人生筑起路桥，更是他累累荣誉的最好见证。1997年获常山抗险救灾先进个人，2010年获福永高速公路文明职工，2012年、2013年获漳永高速公路文明职工，2014年获义乌疏港高速公路二分部文明职工……但方阿土却说，荣誉转头空，最重要的，永远是安全、质量和进度。

交通工程建设是一项非常艰苦的工作，而其中的隧道施工更是难上加难，却也因此，方阿土获得了更大的成就感。横亘在眼前的一座座大山，曾经是当地村民无法跨越的障碍。但是，等到交投铁军到来，便能逢山开路，遇水架桥。看着一辆接着一辆的汽车穿梭而过，看着曾经的孤岛变得四通八达，便是他们这些建设者最大的安慰。虽然常年守在幽暗的隧道里，但也正是因为守在黑暗里，才能看到更加耀眼的阳光。

方阿土犹记得，当时怀着忐忑的心情，看着一张张复杂的图纸，和前辈们讨论各个微小的变更细节……

鲍智勇：工程质量的守卫者

在日常生活中，这是个略显拘谨，沉稳质朴的男人。但一提到自己的专业和监理工作，他便宛若换了一个人，谈笑自如，信手拈来，言辞间洋溢着对工作满满的热爱。他是鲍志勇，作为建金高速公路一名普通的桥梁专业监理，负责的两个标段总长度 21.8 公里，占所监项目总里程的 52%，桥梁造价占总造价的 54%，任务重、责任大，但他却甘之如饴、乐此不疲。

“一定要把上面的棱角凸点磨平，做到光滑美观。”随着一阵阵刺耳的打磨声，栏杆上粗糙的棱角凸起迅速变成了粉尘。这是鲍智勇在对桥梁护栏进行例行检查。“我最喜欢到处看，看焊缝是否饱满，看机械连接是否到位，看钢筋捆扎是否符合要求……干工程质量安全很重要，外形美观也不能放松，我对工程的美观度同样重视”。

循环往复的检查是枯燥而烦琐的，但他绝没有一丝一毫的放松。“我很重视首件样品，也很重视日常的细节检查和复查，不容许发生偏差。”因此，他每天都要对钢筋加工场、桥面、立柱等进行例行检查，甚至套筒间隙等细节问题都不放过。时日一长，他自嘲患上了“强迫症”。

干一行，爱一行，爱一行更要干好一行，鲍智勇认准了这个理。在他眼里，监理不仅仅是事中的监督或者事后的检验，更要做好事前的准备和预警，尽可能减少工序建设过程中的反复，节约建设成本，避免重复劳动，更好地保障工程进度。在某标段的建设中，施工单位在山体的中段修建了一条施工便道，恰巧对穿了一个尚未修建的桥梁桩位，如果后期继续按图施工，则桩基深度将远远达不到设计要求，给工程带来安全隐患。发现问题后，他随即联系了施工单位负责人，提前发出警示，要求在该部位增加桩基深度，以满足图纸设计要求。问他怎么能先于旁人发现问题，回答还是简简单单：“多看图纸多看现场，把要做的工作做到熟稔于心，用心了自然就能发现。”

并不是每个人都有机会监理到重要项目，但鲍智勇赶上了。他在2012年参与监理的云景高速公路，于2017年获得浙江省建设工程钱江杯奖（优质工程）；也是在2017年，他又成为建金高速公路建设者中的一员，对于这个机会他显得格外珍惜。项目之初，他曾经发现薄壁墩的主筋被擅自割断，也曾经指出桩柱钢筋焊接没有一一对应的问题。说起这些事的时候，他的语气开始有些急促，在他看来，这些都是很大的问题，当时的监理指令下达也是又快又急又严厉的。说起日常指令的下达和沟通，鲍智勇有着自己的看法：工作中一定要较真，但是也要注意方式方法，不能老是使用命令的口吻，遇到问题要多摆事实、多讲道理，要在技术上多给予指导和帮助，大家合力才能把工作干得更好。2020年年中，他负责的桥面系防撞护栏开始铺装作业，作为驾乘人员人身财产安全的坚固防线，每一片护栏的施工都牵动着他的心。在无数次巡视检查中，他发现了某作业班组存在较多的漏焊、跳焊现象。经过仔细分析，他发现原来是工人没有充分掌握焊接作业要领和质量控制要点，导致成品质量良莠不齐。为此，他多次组织该班组的作业人员进行焊接操作指导和钢筋安装技术交底，务求钢筋加工质量达到规范要求。在他的不懈努力下，他所管辖标段的防撞护栏钢筋焊接和安装水准位居全线前列。

施工环境千变万化，现场遇到的困难也常常远超设计预估。在某标段桥梁施工现场，施工单位觉得桥墩地基较为坚固，就擅自将基础底面高程提升了50厘米，造成基础埋置深度不足，墩柱设计高度被降低。虽然理论上可以提升高程，但这样做却是不合乎图纸要求和质量管理程序的。于是，他耐心细致地跟施工单位沟通，指出问题所在，请来设计代表现场复勘，提出设计变更的指导意见并召开工作会议，对该处的基础设计进行了变更，同时也确保了工程质量的无虞。

工人们说，他是一个特别较真的人；同事们说，他是一个特别敬业的人。听了这样的评价，鲍智勇只是腼腆一笑。在他看来，这些都只是他的本职工作。为了带好队伍，工作之余，他常常找来业务资料、书籍认真钻研；平日里，也时常跟着监理员到现场检查报检，尤其对难度较高的项目，更是做到手把手地教。他经常告诫自己：只有不断丰富和完善自己，才能紧跟技术和时代步伐；只有以身作则，毫无保留地把所知所学和经验技术与大家一起分享，才能带好队伍、管好工程。

九层之台，起于垒土；千里之行，始于足下。作为千万名专业监理工程师中的一员，他始终秉承“守法、诚信、公正、科学”的监理准则，把每一天的工作当作人生履历中必不可少的一页，把个人的价值融入工程的每一个环节，把爱岗、敬业、奉献的精神服务于浙江交通基础建设工程，在平凡的岗位上交出了不平凡的答卷。

应军志：原来你是这样的工程处长

应军志，西复线杭绍段指挥部工程处负责人，人称“多面处长”，在新冠肺炎防范、西复线杭绍段复工复产、“奋战四个月　打赢攻坚战”的过程中发挥着中流砥柱的作用。

防疫抗疫　他是“手机处长”

“喂，刘厂长，西复线有两三百号春节留守人员，口罩问题还请您多帮忙解决解决！”2020年2月3日，应军志终于拨通了这位医用口罩生产厂家负责人的电话，在得到厂家应承后，他稍感一丝轻松。新冠疫情突然来袭，口罩是最紧缺的防疫物资，为给在春节留守的人员配上口罩，应军志想方设法筹措口罩，拨打了所有认识的人的电话。

从1月31日防疫值班值守以来，数不清的电话、时刻出现的问题成了应军志的工作常态。他带领处室人员指导做好疫情防控，布置落实防疫物资，全力以赴做好疫情的各项防控工作。在他的面前，98公里、5个沿线地区、30余家参建单位成了网格，一天的工作时间拉成了一条直线。2月7日至14日，由于余杭区防疫政策原因，无法进入指挥部办公，每天依旧通过电话、视频连线、微信等在线方式，实时了解余杭段各标段的防疫管控工作情况。一天上百个电话，手机打得烫耳朵，两个手机轮流充电，24小时开机，凌晨1点多还在电话上讨论工作。

在复工复产形势尚未明朗前，应军志主动联系行业单位，提前谋划，指导项目部做好“神经末梢”的基础工作，为全面复工做好准备。

复工复产　他是“协调处长”

2020年是杭绍段项目通车之年，新冠肺炎疫情的爆发一定程度上影响了项目的总体推进，同时疫情防控工作形势复杂、任务艰巨，“做到复工复产，就要抓好人员、设备、备料‘三到位’”，应军志脑中已展开如何协调好人员、设备、备料“三到位”的图景。

应军志带领复工督导小组“下沉”一线，进一步核查各土建、房建等参建单位人员到位、物资设备进场情况，结合各单位防疫措施落实及复工的实际情况，进一步落实各施工单位防疫主体责任，切实抓好项目复工筹备工作；优先组织省内的班组进场，加快关键点、出产值施工点等先行复工；会同各参建单位与材料供应商积极沟通联系，力争材料早日生产，加快推进项目复工复产。通过靠前管理，积极协调，狠抓落实，确保了项目9个土建标段、14个附属标段于3月10日前顺利完成全面复工，项目4个路面标段的路面石料加工场正常生产，水稳施工及时开展。

项目顺利复工后，为加快推进项目附属工程建设，针对土建单位对附属工程场地移交中的卡点、难点问题，指定专人负责跟踪解决，尽可能做到提前移交，提前进场施工，切实将板块建设品质工程的理念宣贯至各附属单位。针对进度较慢的附属单位，第一时间约谈项目部经理及法定代表人，督促加快建设进度。

奋战四个月　他是“组织处长”

在集团公司“奋战四个月，打赢攻坚战”活动中，应军志率先垂范，严格按照全年目标不变、任务不减、要求不降的工作要求，结合疫情情况，逐一对各标段的全年任务进行梳理调整，细致分解各项工作，严控项目质量，保障工程进度。

为进一步强化路面工程质量，应军志先后牵头组织了水稳裂缝处治，桥面、隧道混凝土路面裂缝处治，桥面铺装抛丸与精铣刨工艺等现场研讨会，优化裂缝处治方案，持续形成功效高的标准化工艺工序。

为抓好路面质量隐患处理，他主动请缨，联合试验检测中心、咨询服务单位、路面施工单位等多方，共同对全线水稳基层、桥面铺装、隧道路面等沥青下承层的裂缝开展全面步检排查，不留隐患。共处理整治水稳裂缝 212 道，桥面隧道裂缝 810 道，为提升路面品质提供了强有力的支撑。

为彻底整治施工过程中造成的路面污染，他积极牵头，制订出台了《西复线杭绍段沥青路面防污染管理办法》，切实建立了以各路面标段为主体的防污染管理协作机制，以制度为准绳，时刻督促参建单位落实好污染防治工作，提升项目的整体形象。

建设人民满意的交通，这是原杭州板块工程建设的宗旨，应军志也把这句话牢牢刻在了心里，奉为圭臬，一言一行，时时刻刻践行着。

王金生（右）

王金生：助力西复线工程“乘风破浪”

5月的清晨，天上淅淅沥沥下着小雨，西复线杭绍段土建5标段的路面上，一个人穿着反光背心，蹲在路中，一只手不停扫开路面上的雨水，一只手举着手机，拍下扫开雨水的路面情况，然后起来走了几步，又蹲下来摸摸路面拍一下……这一波新奇操作，让外行人看得纳闷：这人在做什么呢？

原来这是西复线杭绍段指挥部试验检测和路面管理负责人王金生在步检沥青路面摊铺效果。从路基完成、水稳施工、三层沥青路面浇筑，全长98公里的西复线杭绍段，他就这样一手一手触摸着，一步一步看过，来来回回不知走了多少趟，西复线杭绍段工程建设一天一个变样，快速成型。

王金生2012年6月毕业于长安大学公路学院，获得道路与铁道工程专业硕士学位。参加工作以来一直在集团下属子公司从事高速公路建设工作，2017年前在杭金衢高速公路拓宽工程（一期拓宽）从事试验检测管理、质量管理、工程管理、科研管理工作，2017年后便在杭州都市高速公路有限公司（简称“都市公司”）主管试验检测和路面工程管理工作，工程建设技术理论知识扎实、管理经验丰富、组织协调能力令人信服，被评为杭金衢分公司2015年度优秀共产党员和先进个人、都市公司2018年优秀员工和2019年优秀共产党员。他是工程建设领域内的硬核专家，正带着他的团队攻坚克难，助力西复线杭绍段建设乘风破浪，早日建成通车。

愿磨炼为一颗合格的砂石　填筑西复线高速公路成坦途

砂石是高速公路的原材料，普通的砂石能直接用于现代高速公路工程建设吗？工程实践告诉我们，砂石要经过千磨万砺的加工才能让高速公路路基和路面结实平顺。

王金生的工作总离不开与砂石打交道，不管是做试验检测还是沥青路面铺设。在做试验检测时，他严控砂石等原材料采购质量，利用视频监控、物联网、试验室检查、现场抽检等多种形式，创建智慧工地试验室，加强日常监督，强化砂石等原材料的加工过程管控；他优化路面材料配合比，优化水稳基层配合比形成骨架嵌挤型结构，减少了水稳裂缝，取得了良好效果。

王金生严格控制砂石加工，让每一颗在他监管下加工过的砂石都能成为合格的高速公路铺路石。对待砂石加工如此，他磨炼自己攻克工程管理难关的意志也是如此。

2017 年上半年，王金生在原杭州板块主管试验检测工作，原杭州板块下辖三条高速公路（建金高速、西复线杭绍段和湖州段）接连开工，并迅速形成施工高潮，当时试验检测管理人员少，试验检测单位要大量招标进场。为挑起试验检测这副“担子”，王金生在很短时间内策划了西复线杭绍段、湖州段 2 个建设项目的试验检测体系；编制了专项检测、交竣工检测、中心试验室等 25 项检测招标技术文件，组织完成了 25 项检测招标工作；牵头组织原杭州板块中心试验室筹建，承担板块试验检测管理的相关工作；编制《板块试验检测管理办法》《板块中心试验室检测管理办法》。

愿坐科研“冷板凳”　科研攻关　增添西复线科技含量

王金生是一个寡言少语的人，说起话来还有点生硬。也许他的性格正适合做工程建设研究，在都市公司工程建设管理期间，王金生参与了多项科研项目。他积极对接高等院校、科研机构进行科研立项，编制完成 1 个建设项目的科研项目实施方案，并成功申报立项 5 项，参与了 2 项省交通运输厅的科研项目（基于足尺试验的隧道路面结构优化与材料研究、基于数字图像技术的集料形态表征及路用性能提升研究），在繁忙的工程建设和管理之余，发表了 2 篇论文，取得了 3 项发明专利，这不能不说是一位科研“达人”。然而王金生却说“我是工程科研的入门人，但是愿坐科研‘冷板凳’，科研攻关，为西复线工程建设增添科技含量，建设科技西复线是我的本职”。

戴红帽者为严银国

严银国：钢筋铁骨树爱岗敬业标兵

“算下来，我和钢筋打了 18 年交道了。”说这话的是西复线 EPC（设计采购施工）项目班组长严银国。当年初到北京，毫无一技之长的他被老乡领到工地开始了钢筋加工生涯，从房建到路建，1 个工种延续了 18 年，先后取得了电焊工证、低压电工证、行车操作证等多个特种证件。从手拿钢筋束手无策到游刃有余，从被批评教导到指导学徒，他用 18 年的坚持证明了“我能行”。

“要想富先修路，我就想国家能快速发展，自己能多赚点钱，给孩子美好的未来。”怀揣着这样的理想，2014 年，熟稔钢筋加工技术的严银国离开北京来到浙江，开始了“筑路之行”。从杭金衢高速公路扩宽到甬台温高速公路复线，从杭州湾大桥北接线再到现在的西复线 EPC 项目，4 年间他先后参与了 4 个项目建设。

常年从事钢筋焊接导致他看东西时常有白光，双手变得黝黑而粗糙，手背上布满深深的裂纹，手心里长满硬硬的老茧。冬天，双手皲裂严重，血水从裂纹流出，他便用胶布紧紧缠住；夏天，酷热难耐，汗水来不及擦掉流进眼里，便和着泪水一道滚落地面。“做这行真的很辛苦，但终归要有人做，看到一座座桥梁架起来，心里就有说不出来的高兴。”严银国说。

围着新设备工艺“打转” 精心摸索

近年来，机器换人、6S管理[1]和超市化管理、作业流水线等一系列新理念、新设备的运用，让严银国深深感叹:“设备更新快，要不断进步，要很快接受，要逼着自己学，不学就要被淘汰。”

每次引进新的设备工艺，他便“围着打转”，凭借着一股“狠劲”，他总能在第一时间熟练掌握。“工作不仅要埋头苦干，更需要朝前看，我们做不了大革命，但是我们可以做小革新。”面对实际操作中凸显的问题，严银国从小处着眼，细处着手，主动进行小微改，积极专研。

发现钢筋笼声测管屡有磨损，每次取芯需700元且会浪费已打好的桩，人力、物力被虚耗，他心急如焚。经过多次摸索，他通过在声测管底部安装T形加固垫片，保证了声测管位置的稳固。为保证钢筋笼现场安装能够做到上下无缝对接，他与现场技术人员积极讨论，提出在连接套筒上开小洞，以便在施工作业时直观看到内部情况确保对接质量。此外，为减轻工人操作负担，他为车丝操作平台安装斜坡形流水线，以便车丝流水线高效作业。

对家人满怀亏欠 对项目孜孜以求

“路桥建设是百年大计，工程质量不能靠‘忽悠’。”“责任”当头，“实”字为先，严银国常常告诫班组成员要有责任心，不能仅仅倚靠项目部和工程监理的监管，要从源头把控质量，干好手里的活。

提到严银国，工友们都说他死心眼、爱较真。无论春夏秋冬的早中晚班，严银国总是提前10至20分钟到钢筋加工中心检查设备，确保安全顺利生产。班组成员焊接有丝毫误差，他总毫不留情地指出并亲身示范，保证钢筋成品100%合格。

“一次严组长妻子电话告诉他大女儿生病住院，当时他的眼眶都红了，我们劝他回去看看，但他说现在正是关键时期走不开，就没有回去。”对于千里之外的家人，严银国满怀亏欠，每天和父母、妻子、女儿的视频通话便是他最幸福的事。“家人是我的全部，是我的精神寄托，但项目事关百年大计，马虎不得，我既然是钢筋加工班组的负责人，就得担起这份责任。”数年来，严银国以对自己的高标准、严要求，向工友们树立了责任担当标杆。

“现在我们都有着工人大如天的感受，再没低人一等的感觉。”西复线EPC项目自进场以来，积极改善工人施工和住宿环境，引进先进施工设备减轻工人劳作强度，搭建厂房改善工人工作环境，聘请专职人员打扫工人宿舍，从各方面加强对工人的关怀。严银国表示，在这样好的环境下更要抓紧干，使劲干，才能无愧于心。

严银国是一线工人的缩影，他们用铁军精神坚守平凡岗位，用大国工匠精神为中国发展加油助力。

---

[1] 6S管理是一种管理模式，兴起于日本企业，即整理（SEIRI）、整顿（SEITON）、清扫（SEISO）、清洁（SEIKETSU）、素养（SHITSUKE）、安全（SECURITY）。

魏健：以实干积跬步　有信念行千里

2020 年 6 月 14 日，一个普通周末，对于魏健来说又是繁忙的一天。12 点 10 分，刚结束在杭州召开的脊骨梁施工技术方案评审会，匆匆扒拉了两口饭，魏健又立即驱车前往桐庐，准时出现在下午 2 点举办的施工标段环保实施方案评审会的现场……

临建高速公路是浙皖两省最后一条断通高速公路，是 2022 年杭州亚运会配套工程，对推动长三角一体化进程有重要意义。其中，项目先行段将于亚运会前建成，有效工期短、建设任务重。作为临建指挥部副指挥兼工程处处长，魏健肩上扛着“进度”和“质量”两座大山。

2020 年 2 月 15 日，英公隧道杭州范围内首爆拉开复工复产的大幕；3 月 31 日，全线 11 座 1 公里以上隧道全部进洞施工；4 月 5 日，全国目前规模最大的山区高速公路装配化施工开始实施；4 月 26 日，成立智慧监理科技示范工程创建工作小组，全面推进智慧监理各项工作；6 月，顺利完成全省上半年综合检查，向行业展现了省交通集团全新的管理理念……回望四个月的砥砺攻坚，临建高速疫情防控、复工复产两手抓，品质管理、节点攻坚成效初显，魏健终于长舒了一口气。

攻坚前期审批　临建高速开启“加速度”

临建高速是浙皖两省间最后一条省际断通高速公路，安徽省境内的杭宣高速公路已于2015年建成通车，浙江段却迟迟未能开工建设。2019年初，受融资政策影响，临建高速项目工可报批停滞。难题当前，魏健受组织派遣，担任临建高速项目副指挥兼工程处处长，向新的难题发起了新一波攻坚战。

一方面，为加快项目推进，魏健在集团高管部领导指导下，配合省行业主管部门研究解决路径，提出将项目转为经营性高速公路的思路，得到省交通运输厅、杭州市政府全力支持，于2019年5月6日获省综交办领导小组同意。项目转性需要审批的材料多，从杭州市交通运输局到省发改委，涉及审批工作的部门多达19个。审批要一层层走，部门要一个个跑，魏健便拿着材料，从早上八点半就泡在审批部门的大楼里。一天时间，一栋楼里，硬生生地走出了2万多步。功夫不负有心人，5月23日，工可报告获批。7月18日，在集团公司董事长俞志宏同意投资协议报省政府和项目法人变更并联同步推进后，仅用时四个半工作日就完成了临建高速投资建设协议和特许经营协议签订，一个半工作日完成了项目法人变更文件并上报至省发改委。

加快审批进度的期间，魏健又把眼光投向了临建项目的用电问题上，提前谋划先行段用电专线永临结合。主动对接省市供电公司和临安区政府，谋划采取永临结合方式制订临建高速电力专线建设方案。目前，电力专线建设已经启动实施，仅此举可缩短施工单位进场准备时间约6个月，减少供电线路重复投资近5000万元。

世上无难事　只要肯登攀

2020年初，新冠肺炎疫情突如其来，全线参建单位都措手不及。2月初，集团公司响应省委省政府要求组织复工复产。当时，各参建单位不理解，个别项目经理甚至公开在工作群里发牢骚抵制，有的监理单位甚至以公司规定为由拒绝复工，沿线地方政府也认为应该以防疫为先，没有出台复工政策，临建项目复工复产阻力重重。

面对困局，魏健“主动出击”，专门将桐庐县分管交通的常务副县长邀请到指挥部，专题汇报了集团公司复工复产相关诉求，最终取得了桐庐县政府的理解，特批15名项目部主要管理人员返岗。临安区复工复产的工作量更大，不能外出对接工作，魏健就在办公室煲起了“电话粥”。“第一批员工到位多少？材料供应是否充足？炸药爆破审批需要哪些协调？”即使到了晚上，他还在苦思冥想找解决对策。

作为项目关键节点，全长4432米的英公隧道爆破工作难度最大，也最让他头疼。“当时疫情严重，项目上的人员、设备无法按时进场。爆破公司隶属淳安，复工申请迟迟未能得到批复。爆破用的炸药也还没有通过审批，方方面面的问题都需要协调处理。”魏健坦言，那段时间脑子里全是如何对接协调工作，常常到了凌晨两三点才能入睡。

路在脚下，笃信“世上无难事”的魏健主动联系省交工集团落实英公隧道施工人员、原材料调配；多次向临安、淳安等地政府进行线上、线下专题汇报，攻克炸药审批、爆破公司复工审核等难题。2 月 15 日，英公隧道用一声令人振奋的爆破轰响，拉开了临建高速复工复产的大幕。

集团公司“四个月攻坚战”打响后，魏健会同各参建单位开始了新一轮的攻坚克难：两周解决大岩山特长隧道与千岛湖饮水工程线路交叉安全问题；推动全线 36 处关键节点克服疫情影响、土地未批复等困难有序开工；组织协调分水江主线桥持续夜间作业 77 天，抢在汛期前完成涉水部分桥梁下部结构施工；疫情缓和后，组织落实近 5000 名工人按防疫要求分批次到岗复工……截至 2020 年 11 月 25 日，临建高速本年度累计完成投资 49.21 亿元，占年度计划 53.5 亿元的 91.98%；项目累计完成投资 88.17 亿元，占批复概算 206.48 亿元的 42.70%。累计完成总体形象进度 24.18%，其中路基 27.09%，桥梁 23.22%，隧道 29.39%。

品质工程是我们不懈的追求

2020 年 2 月，省交管中心发文将临建项目纳入 2020 年上半年全省交通工程执法大检查。工程处就有人开始抱怨了，土地也没批复，形象进度也没有，参加执法大检查肯定不会有好成绩。魏健听到后，主动找大家谈心：“项目之初面临全省执法大检查既是挑战也是机遇，要以此为契机，高标准谋划项目品质。要牢固树立以设备和管理提升促品质提升的理念，大力推进机器换人、继续总结固化施工标准化、强化质量通病治理，建设人民满意的高速公路项目。”有了魏健的鼓舞，大伙也有了信心，一门心思投入项目品质工程创建中。

临建高速是典型的浙西北山区高速公路，不良地质点多、环境敏感点多、桥隧比高、土石方调配难。结合项目特点，魏健带领团队，总结了杭州板块成立以来的管理经验，精心编制了《临建高速品质工程创建方案》。优化定型了桥梁钢筋、隧道、路基设备台套，创新采用自行式 T 梁移动液压模板、自行式小型布料车、自行式多功能拱架台车等新设备；全线推行桩基施工“三架、三箱、三防护”工点标准化，总结固化了立柱、盖梁骨架整体制作、路基等标准化施工，创新尝试高墩柱桥梁一体化养护，推动梁板及预制构件分级评价制，研究装配式立柱盖梁安装工法，推动隧道防水板电磁焊、三焊缝施工等高品质工艺全线普及……

品质工程中每一项重要工作的推进，魏健都亲力亲为。项目初期的便道还未完全成型，雨水连绵的四月天气让前往部分工点的道路更加泥泞难行，他坚持一脚深一脚浅地走遍全线所有工点，总是一句口头禅“管项目就是要走便道，走便道才能发现问题”。整个 4 月、5 月，全线各参建单位在指挥部的带领下高速运转打造品质工程，顺利召开了桩基施工、隧道施工、梁板预制、路基填筑四场现场会，树立标杆、凝聚共识。在魏健的带领下，一项一项品质管理举措逐步落地，临建高速驶入了品质工程创建的快车道。在6月初全省交通工程执法大检查期间，临建项目高标准的质量管理和环保集约型公路建设管理理念获得了检查组的高度肯定。

品质工程已见雏形，一心只想“建设人民满意交通”的魏健，也早在心中勾勒出下阶段项目建设的蓝图。要以智慧监理科技示范为主线、智慧工地示范工程打造为抓手，完成全线环保、水保高标准管理，为2021年召开全国范围智慧监理科技示范项目现场会打好基础。

尾声：工作中总是板着脸、大嗓门的魏健，内心也有着属于他的柔软。“女儿很快就要小升初考试，在她学习成长的重要阶段，我却很少有时间陪伴左右。”谈起孩子和家庭，魏健的语气中满是歉疚。入行15年，他从工地施工员做起，到项目竣工扫尾、养护管理、集团总部，再到重回工程建设一线，魏健与省交通集团发展历程相伴，走过了人生最重要的15年。

他说省交通集团是一个很“实在”的平台，以实绩论英雄，这种正能量也铸就了包括他在内的许多交投人求真务实、真抓实干的品质。当问及人生信条时，魏健想了想，以“事在人为”用这个词为15年的交投生涯做出了注解。

张永平：要做“教授级”征迁

敦实的身材，微笑的脸，到过临建高速项目的人，都很容易记住指挥部副指挥兼征迁处处长张永平。架桥铺路十数载的他，就像一位亲切的邻家大叔，历经路桥岁月沧桑，依然温暖坚定如初。

从工程项目开工开始，张永平每天都与书籍、手册为伴，同事们调侃他为“书虫”。他将大量时间花在学习业务上，苦练本领。时间更迭，张永平在一线的摸爬滚打，为他日后的职业生涯积累了丰富的工作经验。后来，张永平获得“教授级高级工程师”称号，职业生涯达到了新高度。

2019 年 5 月，临建高速指挥部成立，张永平主抓征迁工作。在他的带领下，临建高速项目交出了一张优异的征迁成绩单：2019 年 9 月 20 日，临建高速项目获得使用林地审核同意书，林地报批审查过程历时 29 天，刷新了国家林业和草原局自成立以来的审批新速度；12 月 30 日，临建高速项目土地组件材料通过省厅签批，同日提交省政府办理报部流程，顺利完成年度征迁工作目标。

一个个征迁完成　坚韧破解“不可能”

说起2019年的工作，张永平直言“压力大、难度大”。工程建设出身的他拥有极为丰富的施工经验，但是处理征迁问题，这还是首次。这条长达85.5公里的临建高速，征迁工作涉及46个行政村、11个乡镇，主线内涉及民房569户、企业18家需拆除，共3075根杆线需迁改，工作体量大，细节繁杂。

张永平知道，征迁关系着一家一户的利益和情感，工作必须是细了又细。面对首次“跨界”，一时间，他头绪纷繁。借助多年工程建设经验，他将经验优势不断转化成征迁工作优势。第一天工作，他就只身踏遍了项目全线，掌握第一手动态资料，紧接着马不停蹄地与各部门进行工作对接、商讨征迁计划，在短时间内解决了一个又一个征迁难题，保障了工程施工的顺利推进。

那段时间，张永平白天跑部门，晚上整资料，通常是一个通宵连着另一个通宵……一段时间下来，对征地拆迁、补偿、安置等整套流程，他都有了熟练的把握和独到的理解。这些积累也在后来的征迁工作中，一次次带给他意想不到的“馈赠”：因为协调好省、市、县三级关系，临建高速项目土地报批争取到了容缺受理，土地报批速度快速高效；在张永平带领下，征迁处经过软磨硬泡、来来回回多轮磋商，最终促使临建高速指挥部与地方指挥部达成一致，同意签订补充协议，为项目合理控制了征迁概算，为公司争取了利益；为做到红线内合法施工，张永平带领征迁处主动联系临安、桐庐等沿线地方政府和国土部门，协调加快大型临时设施、红线内外借地及碎石场办理事宜，推进红线内外临时用地办理；同时还为临建项目争取到了矿产资源费免缴的优惠政策……一项项工作成果，也成为张永平工作决心的最好证明。

“关键就是以群众利益为出发点，通过敲定工作职责，以‘铁板钉钉’的方式推进工作。跨界征迁，我也要做到‘教授级’。”张永平说。

急难险重的任务　且用党建“铸心”

张永平深知，面对征迁这项急难险重的任务，需要一支铁的队伍，更需要一支有卓越思想武装的队伍。党建就是张永平的铸心工程。这位从工程建设中走出的临建指挥部党支部书记，把工地党建从高处着眼，落在实处，牢牢把握“围绕工程抓党建，抓好党建促工程”的原则。最终使得临建高速项目每一位党员都像一面面飘扬的旗帜，伴随着项目逐梦前行的脚步步履铿锵。

2019年11月7日，临建高速项目指挥部与临安区、桐庐县共建了“三强三优”党建联合体，张永平的想法有了实体证明。自党建联合体成立以来，张永平结合临建高速项目征迁需要，邀请国土、电力等相关部门召开了3次工作会议，矿产资源费的免缴，杆线迁移、电力专线工作的推进，都在这些会议上拍了板、有了回音，要素保障支部的功能得到充分发挥。一系列工作成效，也验证了他的工作思路：征迁工作的很多难点可以通过党建的方式解决。

实干之外，张永平也致力于党建的创新。就在2020年春节放假的前两天，张永平查看了临建高速项目指挥部与TJ03标段共建的党建体验馆。说起建立党建体验馆的想法，张永平表示："安全体验馆、质量体验馆我们看到了很多，党建为什么不可以有体验馆？党员、群众需要一个客观环境去感受党建文化，项目建设也需要一个阵地做好党建工作。"据张永平介绍，馆内设置了展览室、阅读区、观影区、宣誓体验区、宣讲会议区等功能区域，不仅能够展示临建高速项目建设中不断涌现的先进人物、先进集体，也为临建高速项目指挥部、6个土建单位、3个监理单位搭建起一个沟通交流和学习的平台。目前，体验馆已投入使用。

时光荏苒，张永平从青春少年到成熟中年，有过克难攻坚的奋勇斗争，有过梦想成真的欢乐喜悦，有过大家小家难两全的痛心遗憾。"现在，我最期待的就是临建高速项目早日平安优质建成，为2022年杭州亚运会交上一张完美的答卷。"张永平如是说。

叶志毫：一切付出的，终究在时光里获得

那日，全省平安百年品质工程智慧工地暨安全生产现场会在杭州市临安区召开，参会人员观摩了临建高速项目。在土建一标智慧梁场、土建三标智慧隧道，听取项目概况、工程进度、班前教育、龙门吊人脸识别、智慧用电等情况的介绍和演示。

临建高速项目TJ01标大型工程班组长叶志毫不是第一次开门迎客了，从业近30余年的他，参加并成功召开多次省级乃至全国级品质工程现场会。他所负责的预制场T形梁钢筋加工生产得到与会人员的连连好评。他所管理的班组更是多次获得“最美班组”荣誉。质量之魂，存于匠心，叶志毫自入行起便埋头苦干，和大多数路桥建设者一样，在看似平凡的岗位上得心应手，干得有声有色，创造出自身的不平凡。而生活也不会亏待任何一位奋斗者，在岁月里付出的，终究在时光里获得。

建设工地上没有男生　只有男人

都说穷人的孩子早当家，叶志毫身上也存有那个年代特有的时代印记。1992年，18岁的叶志毫正值高考当年，父母连日的唉声叹气让他意识到这个家庭已经支付不起他的求学之路。

几经打听，他和同村的亲友结伴来到杭甬高速公路建设项目。作为一名初出茅庐的工程新兵，结缘的第一个项目就是整个浙江交通建设史上划时代的代表作。

“我所在的杭甬高速公路绍兴段一共 7 公里左右，有路有桥，工程规模 6000 多万元，我是初出茅庐，主要做木工。”钻机林立、机器轰鸣，叶志毫和所有建设者一样，都在热火朝天地圆着一个“高速梦”，但是苦出身的他却比同龄人多了份细致。“刚入职那年，我几乎未睡过一个整觉，别人上班我上班，别人下班，我就把场地的扫尾工作处理好。早七点、晚十二点的工作作息已是常态。”长时间的工作，让他的双手充满了血泡，这些血泡磨破后结成痂，成了叶志毫最得意的“勋章”。

叶志毫总是比别人看得更多，做得更多。入职第二年，19 岁的他成了一标预制场木工班组长。一年的工程初体验，让初出茅庐的男生，变成了独当一面的男人。

前进的道路上没有一枝独秀　只有团结才能有力量

班组是品质工程建设的细胞。再宏伟的工程最后都由每一个工人一手一手的操作完成。将每一道平常的工艺做到极致，用匠人的心打造精品工程，是叶志毫给自己定下的工作准则。

2019 年至今，叶志毫作为临建高速项目 1 标大型班组负责人，手下最多时有 300 多位工人需要管理。难么？多年的管理经验让他胸有成竹。“这么多年工作下来，我深知没有任何一个工程可以一枝独秀，干工程要走心，管理更是！”班组管理过程中的难点要走心解决，每天早上 5 点半，叶志毫就拉开了工作的序幕。全线巡查管理区域、理清一天的工作要点、召开班前会……他也会第一时间了解工人的声音：有没有冲突施工、有没有安全隐患、有没有进度堵点，有问题就协调，没事情就在梁场转一圈。长此以往，工人们认准了这位亲力亲为的老大哥，这个 300 多人的大家庭被拧成一股绳，人人都铆足了一股干劲儿。

叶志毫明白，这虽是一份工作，但更是一份责任。工程是百年大计，得经受住百年风雨，而他和他所带领的班组正是这一伟大工程的基石，任何一点闪失都可能是重大错误。“班组是品质工程的基石，我能做的就是让所有工人有归属感，有干劲儿，只有这样，大家团结一致，劲儿往一处使，力往一处出，我们才能又快又好地完成建设任务。”

时光如流，转眼叶志毫在工程路上已经奔跑了 29 年。这个敦实憨厚的衢州人从一线工人到班组长，从做好自己到带好团队，从杭甬高速项目到杭宁高速项目、杭千高速项目、温州绕城高速项目、钱江通道项目、福建湄渝高速公路莆田段、义乌疏港高速公路、南太湖港航工程、临建高速项目……他和他的队伍正在越过一座座山丘，无问东西。

方锐：以钉钉子精神推进项目建设

2020年6月4日，西复线湖州段项目指挥部会议室，一场土建标段整体移交仪式正在举行，各项工程的移交单位、接收单位与监理单位三方共同签署了移交确认书，实现工作界面的整体移交。这标志着西复线湖州段项目在“奋战四个月，打赢攻坚战”活动中再次取得佳绩，正式吹响了项目最后攻坚的“冲锋号”。

作为主持人，西复线湖州段项目指挥部副指挥方锐见证了这场仪式的进行。这位工程建设战线上的“老兵”，今年45岁，来自浙江永康，是一名党员，已在施工一线奋战20余年。虽然身材偏瘦，还略带几分诗人气质，但是双目炯炯有神，做事干练而果断。平时与人和善的他，一旦进入施工现场，立马变得不苟言笑。在项目管理过程中，方锐始终坚持以钉钉子的精神执着追求工程品质，“建设人民满意交通”是他作为交通建设者不变的初心与使命。

战疫情　稳复工　两战都要赢

2020年初，疫情突如其来，海啸般席卷了各行各业。作为西复线湖州段项目副指挥，方锐在家坐立难安，时刻关注着疫情的变化，内心焦急地思索着项目如何抗击疫情，确保建设进度不受大影响。心系项目的他，没有等到春节假期结束就毅然返回了工作岗位，指导各参建单位科学防疫、稳步复工。那段时间，他几乎每天都泡在施工现场，微信步数排行榜上从未低于2万步，50.8公里长的“战线”上，每一处角落都留下了他的足迹。

作为第19届杭州亚运会重点配套项目，西复线湖州段项目的复工复产同样迫在眉睫。为切实做到“两手硬、两战赢”，方锐积极同地方政府以及行业主管部门沟通对接，按照各方意见反复修改复工方案，并从全局出发，创造性地提出部分复工和全面复工两套方案，得到了相关部门的肯定。在他的不懈努力下，项目于2020年2月12日正式复工，成为全省高速公路最早复工的项目之一。

而在项目关键节点逐步复工阶段，因各地封村封道，人员“出不去、进不来”的难题摆在了方锐面前。如何让外省人员返岗？如何保障返岗人员安全？方锐不停思考着对策，并多次往返属地政府和参建单位间协调工作，最后，他提出“点对点、一站式”直达运输、乘坐政府专列等方式接员工返岗，解决了项目无人干活的困境，也为项目关键节点施工提供了坚实保障。

2020年2月28日，东苕溪大桥中跨合龙，标志着复工复产以来浙江省迎来首个高速公路项目的重要节点突破；3月31日，京杭运河特大桥中跨合龙，项目实现全线贯通……面对央视采访镜头，他露出了一名工程建设者最自豪的笑容。

靠前指挥　疏导“疑难杂症”

随着集团公司“奋战四个月，打赢攻坚战”活动的深入开展，项目建设从“暂停键”到按下“快进键”，各项生产工作全面复苏。在这期间，方锐始终坚守建设一线，认真疏导各项“疑难杂症”，通过强化路面备料，紧排界面移交，严格合同造价管控等有效举措，统筹推进土建工程、路面工程与附属工程进场施工，确保了工程进度整体协调统一。

然而，随着时间的推移，江南地区项目建设的“拦路虎”再次来到。2020年5月29日，德清正式“入梅”，这意味着今年的梅雨季节提前来到，项目建设可能再次陷入停滞状态。如何才能有效破解这一施工难题，确保项目施工不再望“梅”兴“叹”？方锐内心焦急地寻找答案……最终，他通过自己多年项目管理积累的经验和汲取集体智慧的结晶后，坚持因时制宜、因地制宜、因人制宜，通过与德清县气象局合作建立精准的天气预报群、对已经交验匝道采取薄膜覆盖防雨、成立雨季应急班组等措施，确保雨季施工有保障、进度不滞后、人员有干劲。

凝聚匠心　建设人民满意交通

“建设人民满意交通是我们一直以来追求的目标。”方锐是这么说的，也是这么做的。

桥面路面质量好不好，直接关系到行车的舒适性和安全性。为全面提升桥面系施工质量，方锐搜集查阅多方资料，并结合自身积累的知识，从调、铺、实、平、强五方面入手，创新改进桥面系施工设备升级为“双核 4+1”，同时深入现场反复揣摩，通过直观易懂的方式促使施工单位高度重视桥面系施工中容易疏忽的质量问题。为严控桥面和路面质量，他带领技术团队，积极开展科研创新，确保桥面平整度控制在 3 毫米以内，成功实现在项目全线 30 余公里如“嫩豆腐”般的软基上建设出高质量的工程。

“绿色发展”是西复线湖州段项目的靓丽名片，为全力建设美丽项目，方锐反复强调“建设决不能以牺牲环境为代价”。为此，他在反复论证的基础上，提出了设置绿色围挡、增设喷淋装置、增加洒水车等方式来控制工地扬尘，并督促参建单位严格落实，切实有效改善了沿线施工环境。“管理要创新，环境保护同样也要创新。”针对软基路段环保施工，方锐结合项目实际情况，利用周边水系，尝试采用水袋堆载预压替换堆土预压，一段时间下来，预压效果好于预期，在提高施工效率的同时，大大降低了施工对当地环境的影响，赢得地方政府和沿线居民的充分肯定，为项目建成通车奠定了一抹靓丽的生态底色。

工作 23 年来，方锐参与建设的桥梁、道路不计其数。如今，凝聚着他青春和汗水的道路已经四通八达、汇成一片，成为沿线人民脱贫致富、共奔小康的幸福之路。方锐说，今后他还将继续脚踏实地、奋发有为，发扬工匠精神、展现铁军风采，努力为江浙大地建设更多、更好的高速公路，在新时代浙江“重要窗口”建设过程中再立新功！

黎敦超：“征”出建设进度　“迁”出品质工程

有人说：“这难、那难，征地拆迁是天下第一难。”这足以看出拆迁工作的复杂和艰辛。而在西复线湖州段项目就有这么一位“征迁硬汉”，他不惧困难，勇挑重担，敢打硬仗，在项目征迁工作中发挥了重要作用，为工程建设的顺利推进保驾护航。他就是西复线湖州段项目指挥部征迁处处长——黎敦超。

黎敦超，浙江长兴人，1976年出生，中共党员。这位被同事戏称为“工地草帽大侠”的征迁硬汉，还有另外一重令人尊敬的身份——退伍军人。1995年至1999年曾于海军陆战队服役的他，退伍复员后，怀揣着建设交通强省的理想信念投入到交通建设行业，一干便是20余年。从杭宁高速公路到申苏浙皖高速公路，再到西复线湖州段；从高速公路建设到高速公路运营，再到高速公路建设，这位老兵的工作岗位在不断变化，但始终不变的是交通铁军的初心与梦想。

身先士卒　牢记使命担当

西复线湖州段项目位于杭嘉湖平原地带，项目全长50.8公里，涉及德清县内11个乡镇（街道），47个行政村，需征用土地7421亩，用地涉及失地农民人数近6000人，征迁类型多、分布散、难度大。

面对形势严峻的征迁工作，黎敦超充分发扬钉钉了精神，在征迁处人员紧张的情况下身先士卒、全力以赴，加强与省市县各级自然资源部门对接，在新的用地政策出台后，用时5个月就完成了县市省三级土地报批组件审查，仅用1个月便顺利通过自然资源部部长办公会审核，创下了省内高速公路项目用地到部审批用时的新纪录。同时，他还为西复线湖州段争取到项目所需的6856亩新增建设用地指标全部由国家层面解决。

在身先士卒、带头做好各项工作的同时，黎敦超还高效发挥了传帮带作用。众所周知，管线迁改始终是征迁工作的重难点，面对11万伏以上的高压线搬迁，极容易受制于点多面广、流程复杂、搬迁周期长、停电窗口期少等诸多不可控因素，搬迁难度极大。但是黎敦超始终相信，没有带不好的兵，只有不会带兵的将。他充分挖掘团队潜能，合理分工、齐心破难，对项目涉及的17条高压线和57个塔基，从搬迁方案的确定，到塔基政策处理、便道的打通，泥浆的处置、停电计划的争取、新线敷设的协调，期间不断总结经验，优化流程，既完成了任务，也培养了员工，锤炼了队伍。

攻坚克难　永葆军人底色

工程项目征迁总会遇到难啃的“硬骨头”。随着西复线湖州段项目建设往前推进，沈园、铁路园林、乾元连接线、新市鳜鱼塘四大点位成为工程推进的“瓶颈”。一日不能完成征迁，施工就一日不能开展，黎敦超带领的征迁处面临的紧迫感和压力日益强烈。

“难，实在是难。”黎敦超说，“每个问题都有各自的难点，百姓有百姓的诉求，工程建设有工程建设的诉求，要获得老百姓的理解和支持实在是难。”但是再艰难也要努力争取解决，为攻克这些难题，黎敦超挨个分析问题所在，坚持对症下药。为快速啃下四大“硬骨头”，海军陆战队出身的他凭着骨子里那股不服输的劲，成立了“清零攻坚小组”，定下作战图、立下军令状。

白天，他化身“跑男”，几乎是半驻扎在一线，前前后后跑了乡镇和现场不下一百趟，参加数不胜数的协调会；而到了夜深人静的晚上，他紧皱眉头，思考对策，直至深夜。因为需要经常泡在工地，一顶遮阳草帽便成了黎敦超的日常“标配”，因此，他也被同事称为“草帽大侠”。在黎敦超和小组成员的不断努力下，西复线湖州段项目征迁工作最终实现了从“0”

到“100%”的飞跃，为项目建设创造了无障碍施工条件。

而此次“奋战四个月，打赢攻坚战”期间，他更是坚守一线、持续推进征迁工作扫尾清零，针对政策处理、管线迁移等重难点问题，积极加强与地方政府、电力公司的沟通协调。2020 年 4 月 30 日，在各方的共同努力下，项目主线上最后一座房屋被顺利拆除，主线征迁工作全部结束。

不忘初心　坚守红线底线

打铁还需自身硬。高速公路建设是一项重大的民生工程，作为工程的建设单位，一方面征地拆迁要兼顾到地方群众合理的诉求，并尽量满足；另一方面，还要坚持原则，守牢红线底线。在工作中，黎敦超坚持严守各项制度，顶住人情和工作压力，守住政策底线，不乱开口子，敢于硬碰硬，全力做到一碗水端平。对于征迁的难点，他常常身先士卒，联合地方征迁指挥部相关人员，深入一线，为拆迁户讲政策，动之以情，晓之以理，以泪换泪，以情换情，有效化解征迁矛盾，赢得群众对征迁工作的理解和支持。

项目开工以来，黎敦超始终日复一日坚守、奋战在征迁第一线，把职业当作事业，以忠诚坚定信念，以执着奋勇拼搏，以朴实无我工作，在西复线湖州段项目日新月异变化的绚丽画卷上蘸写了浓墨重彩的一笔。但在生活中，他总觉得自己亏欠了家人太多，特别是儿子高考，都没有时间陪伴他，为他加油鼓劲。

“我觉得每一位工程人背后的家人都很伟大，正因为他们的默默支持，才能让一条条四通八达的大道通往幸福的远方。我只是做了一名交通建设者应该做的，今后我还将继续这么做。”黎敦超说。

雷黎明：将激情献给建设“热土”

烈日炎炎，热浪炙人。虽然立秋已过，但户外的高温仍旧灼人。在基本没有树木遮阳的西复线湖州段项目施工现场，一个个身着橙色工作服的工人往来忙碌。火辣辣的阳光炙烤着大地，刚铺的沥青路面热浪蒸腾，一阵风吹来，热气扑面，熏得人睁不开眼。

越是炎热，扩容段 2 标项目施工总负责人雷黎明的心情越是激动。“七八月正是咱们沥青路面施工大干、猛干的最好时机！抓住这个机遇，产量就噌噌上来了，不但速度快，质量也有保障。”

这也是西复线湖州段项目数千个“雷黎明”的“心声”。该工程是杭州亚运会重点配套工程，2020 年年底要建成通车，项目正全力冲刺建设“最后一公里”。

越热越要干活　记不清鞋底第几次被路面烫出破洞

骄阳似火，汗水一次次湿透每一个人的衣衫，留下了一道道汗渍。施工用的工具把柄都开始烫手，黑亮的沥青一接触地面，刺啦刺啦地冒白烟。

上午 11 时，一辆装有滚烫沥青的自动摊铺机将沥青铺在路面上，摊铺工人围绕两侧，对机器摊铺不均的路面进一步填补，同时修整路面边线。雷黎明站在摊铺机前侧仔细检查沥青铺设情况，脚踩在新铺的沥青路面，一股热流一下穿透鞋底。

尽管酷热裹身，雷黎明仍一丝不苟。“沥青摊铺是整个路面工程的主要工序，关乎路面质量。沥青拌和料的温度必须符合要求，压路机刚压平的沥青路面温度必须在 160℃以上。”雷黎明笑着说，“因为沥青路面太热，所以鞋底常被沥青烫出破洞，每隔几天就要换一双鞋。”

作为扩容段 2 标项目施工总负责人，雷黎明负责 43 万吨沥青路面的施工。“27 公里路面，就是我的战场，我必须对它的品质负责。”为了达到沥青铺设的最佳效果，雷黎明每天凌晨 4 点半就来到施工现场做准备工作。正午时分是雷黎明一天中最忙碌的时刻，他带领一线技术员和工友们一心扑在沥青摊铺工作中，就连午餐都在工地上解决。等结束一天工作回宿舍休息，雷黎明的脑袋一沾上枕头立马就能睡着。

对于如此高的工作强度，雷黎明表示：“沥青施工行业最大的特殊性，就是越热越要干活。忙是正常的，不忙才是有问题的。而且咱们高效地把活干完，路就能早点通，这就值了！”

变与不变守住品质底线　施工条件变好了　战高温更有“自信”

战高温背后，是另一份滚烫的热爱。从 1983 年与公路建设结缘至今，雷黎明一直埋头扎根这片“热土”，这些年下来，雷黎明修建过的路加起来少说也有 800 公里。

“现在的施工条件比以前好多了。”雷黎明感叹着，“最明显的就是，以前十来个人苦干蛮干的活，现在两三名操作工，再加一个机器就能搞定，节省人力的同时也提升路面质量。小小洒水车不仅能给环境降尘，还给大家降了温……”

变化很多，但不变的是初心。指着现场的摊铺机、压路机，他说：“技术的变革，最终也是为了确保沥青路面施工的品质。比如，摊铺技术也比十几年前先进多了，以前更多是靠经验和技巧，现在智能压实云图系统等各种高科技的应用，数据还能实时收集，质量不过关还会报警；压路机还装有倒车雷达控制与防撞栏控制相结合的安全预警系统，确保安全施工。”

这样的条件下，战高温自然更有“自信”。

由于长年扎根工地一线，雷黎明最能感受一线工友冒着酷暑工作的不易。作为一名有着26年党龄的老党员，雷黎明将激情献给了建设“热土”，将热心献给了并肩作战的工友。

为了让工友能清凉一点，雷黎明经常买西瓜给他们解渴，还申请了一批防热降温物资。工友们有了草帽遮阳、毛巾擦汗，也能喝上解暑降温的绿豆汤。“服务保障措施到位了，工友们干活的劲头才会更足，项目建设才能有条不紊地进行。”雷黎明说。

让这份热爱延续　干一行　爱一行　才能做精、做深、做出成绩

细细数来，38年里，从浙江省第一条高速公路沪杭甬高速公路到西复线湖州段项目，25条高速公路都留下了雷黎明的足迹。不夸张地说，在沥青路面摊铺方面，雷黎明不仅是老手，更是能手。

这些年，雷黎明带过的徒弟数不胜数，尽管施工技术日新月异，但对于沥青路面厚度、平整度、压实度的控制等方面仍需依靠人力技术支撑，而他总是将施工技艺毫无保留地传授给徒弟们，让大家少走弯路。

“沥青路面每一处的碾压都要到位，碾压遍数一定要达到要求，才能保证路面质量。”“沥青摊铺前要充分加热摊铺机熨平板，摊铺机前指挥卸料要及时、快速，尽量保证摊铺机连续作业，避免停机待料。”在莫干山互通沥青摊铺现场，雷黎明耐心地跟徒弟们交代沥青施工注意事项。

“师父领进门，修行看个人。”对于新一辈沥青施工的95后，雷黎明最大的指导便是，“干一行，爱一行，只有这样才能做精、做深、做出成绩。”他培养了一批又一批的业务能人，有的已经成为经验丰富的项目经理，有的则是刚毕业的职场新人。他们像种子一样撒在雷黎明深爱的这片“热土”里，然后像他一样扎根进这片“热土”。

如今，57岁的雷黎明已到快退休的年龄，但他希望自己还能以返聘的方式继续为他热爱着的这份工作发光发热。

XCMG
XP363K
6#

且行且歌

As walking as singing

苍莽雄浑的浙江大地上，他们是高歌勇进的苦行者。凿隧、铺路、修桥，伴着旷野的鸟鸣虫唱，他们在朴素的唱腔中开疆拓土。世上本无路，因为他们在大地上的苦行作曲，才有了后来者更加淋漓酣畅的穿梭与高歌。

岁月筑梦

程　虹（原杭州板块建设指挥部）

冷空气来袭，杭州瞬间变得一派萧瑟。办公室里灯火通明，大家低头不语，到了年底这个时候，都在安安静静地忙碌。

巴尔扎克说过："做了好事受到指责而仍坚持下去，这才是奋斗的本色。"部门年轻人们平均年龄仅 32 岁，面对复杂严峻的交通工程建设领域，斗争经验不够足、斗争本领仍需磨砺，但是仍然保持正气、锐气、静气，为了按时限完成工作，跟公司其他管理人员一样，主动放弃了原本可以陪伴家人朋友的时间，与时间赛跑，默默承受着压力，鼓起 120 分的勇气和力量、坚韧和干劲，坚持奋战在党风廉政建设和反腐败斗争的第一线。

这只是发生在原杭州板块的普通工作场景之一。奋战在一线的所有参与建金高速、西复线杭绍段、西复线湖州段、临建高速的工程建设者们，无时不刻在践行"舍小家、顾大家"的事业情怀。我们也想天天回家看看，也想一家人能每天一起吃个饭，也想经常带着家人出去走走，但是我们肩负着"勇当交通建设排头兵、建设人民满意交通"的职责使命，正是这样的使命时刻提醒我们要理解好、传承好、践行好，积极推进高速公路标杆打造，助力浙江省"重要窗口"建设。

集团的"三同"家文化（同责、同心、同创）已成为原杭州板块家文化的核心。记得 2020 年 8 月 26 日，原杭州板块四周岁生日那天，大家在

各项目指挥部用真挚、简单的方式表达出心中的祝福，喊出“勇当交通建设排头兵、建设人民满意交通”职责使命。无论是见证原杭州板块成立成长的老员工，还是践行交通梦想来到原杭州板块的新员工，都深切感受到原杭州板块不再只是一个工作的地方，而是一个温暖的大家庭，同事之间像家人一样互相帮助、彼此照应。

原杭州板块关注关爱“家人”，营造尊重员工、以人为本的工作生活氛围。公司对工作中遇到挫折、思想上出现波动、生活上遇到困难的员工及时给予关怀慰问，邀请员工家属来到项目一线，分享家风故事，化小家为大家。用心打造“职工之家”，定期组织开展读书分享会、传统佳节包粽子包饺子、徒步毅行、球类比赛等活动，丰富我们业余生活，传递同事友情温暖。在这大家庭中，我们想用自己的汗水和智慧实现高速公路高质量、高品质的竣工通车，想用自己的奋斗去改善生活条件，为实现家人过上更加幸福的生活而不懈努力。

我有幸参加了“铁军筑梦，同心同行”素质拓展活动，来自不同行业、不同经历的我们有缘相聚在原杭州板块这个大家庭，深入工地欣赏用心建造的“作品”，参与竞技比赛展现团结拼搏精神，聆听优秀员工代表传经送宝，敞开心扉畅谈分享心得困惑。我们追溯原杭州板块的创立初心，感知老员工的辛勤付出，感受今日板块的发展成果，坚定担当责任，自觉把个人的理想融入公司改革的进程中，主动做好同责当家、同心治家、同创兴家，助推集团“三同”家文化迸发更多地新活力。

再长的高速公路也有尽头。原杭州板块工程项目建设从破土到竣工，经历几个春秋，但终有竣工通车那天。我们在寒风的萧瑟中，在酷暑的希望中，漫步在田间堤岸，驻足在项目指挥部，目睹我们参与建设和付出辛劳的高速公路长久地伫立在那里，历经风吹雨打，永不停歇。

我们会怀念在此认识的人、经历的事，会收拾好行囊和心绪去往下一站，继续经历成长，继续挥洒青春的汗水，在岁月的长河中追逐工程建设者的梦。

心有所信　方能行远

梁　斌（原杭州板块建设指挥部）

前几天学习沥青路面质量管理知识，里面说江苏高速公路沥青路面质量，在全国处于领先水平。由此想到浙江的高速公路，我有些羡慕，也有几分不甘。从事交通行业多年，我一直有个不变的信念，如今这个信念更加坚定。

小时候，不像现在这样到处都是平坦通畅的道路。二十世纪九十年代初，浙江有了第一条高速公路，我至今还记得初次体验高速公路时的惊叹。或许就在那时候，我的人生道路有了方向：我想要造桥铺路，让人们的出行更加快捷舒适。

我想，还有不少和我一样怀揣这个信念的人。正是因为他们将信念转化成了行动，浙江省高等级公路才发展迅速，高速公路网密度位于全国前列。但是在已通车的高等级公路中，普遍存在桥头跳车的现象，“桥头跳，浙江到”已成为一句俗语。建设高品质高速公路，浙江还有很长一段路要走。

2016 年，我来到了原杭州板块，当时原杭州板块刚成立，人数还少。正如美国诗人罗伯特・弗罗斯特所描写的：“一片树林里分出两条路 / 而我选择了人迹更少的一条 / 从此决定了我一生的道路”选择原杭州板块，就是想和更优秀的人一起，为提升浙江高速公路质量贡献微薄力量。

既然浙江高速公路和国内领先水平有差距，那么就要奋力追赶。要追赶，就要拿出超越寻常的干劲。“大道至简，实干为要。”追赶不是拿来说、拿来唱的，更不是用来装点门面的，只有见诸行动才有说服力。

为了提升路面质量，原杭州板块走出了不断创新、不断突破、不断超越之路。全面提升沥青混合料的级配、试件空隙率、压实度、渗水系数、空隙率和面层厚度等关键指标的技术要求；建立动态管理系统、物联网、视频监控三大信息化管理平台，实现了对工程全过程动态监管；利用路面物联网，实时监控混合料生产配比，确保了生产稳定。路面建设实施集中的连续式的管理，并不断总结管理经验和施工技术，提高建设水平。

其实，走好人生这条路，也是一个不断提升的过程。对我而言，不忘初心，坚定理想信念，才能不怕千难万险，矢志不渝为实现梦想而奋斗。

心中的路

叶沁昀（西复线杭绍段项目指挥部）

记得十多年前，家乡的路是那么蜿蜒漫长，车行颠簸，头眩目晕，可是要一直挨到盘山公路的那头才是家。于是在时光的车轮上，我不停地在想：回家的路何时能裁弯取直，不再蜿蜒？

随着我渐渐长大，路也不停地变换着各种姿态，从泥泞的盘山公路到水泥路再到沥青公路；从危险的羊肠小道到出行便利的省道再到快捷智慧的高速公路，回家的路似乎不再像以前那么遥远，而慢慢变成了一处风景，这得益于交通大发展，得益于交通建设者们的“洪荒之力”。不曾想，今日我也成了一名交通建设者，从 2017 年起开始了“修路架桥”之路。这时的路似乎就在脚下，一直在延续，我真真切切地感受着，既体会了建设的快乐，也品尝了其中的艰辛和不易。

原杭州板块一以贯之的“管理严、服务优、业绩佳”理念，是建设品质工程的保障，也是“建设人民满意交通”使命的显著体现。三年来，在原杭州板块这个大家庭的舞台上，我也是收获满满，一方面能够参与项目建设全过程，向别人介绍或者行走在自己参建的道路上，自豪感油然而生；另一方面在大家庭成员的关心帮助下，个人能力得到锻炼，有较大提升，从一个门外汉转变为能够深度参与其中的一员。公司关心员工的各方面成长，廉政活动告诫大家要守牢内心的底线，新员工培训增加同事间的凝聚力，各种业务培训提升专业技能。让我印象深刻的是有一次分析一项财务数据，我按照固有的思维模式计算每项需要的数据，再进行汇总，大约花了一个小时的时间，而部门老前辈通过 EXCEL 公式的熟练准确运用，仅花了 10 分钟就完成了分析。

得益于部门经理专门组织的部门员工业务交流，部门的每个人都分享自己所擅长的业务，查漏补缺，扬长补短。在掌握了相应知识后，我也提升了数据分析速度。这才发现，学校里的知识要运用到实际工作中，还需不断提升；同时在信息化时代，要善于运用计算机，提高工作效率。此外我还组建了自己的小家庭，故事没有曲折坎坷，但也经历了酸甜苦辣。一开始也担心聚少离多的问题，但看看身边很多同事的家庭，不是从事工程行业的尚且能理解，而我又怎能纠结于自己的私心呢？最终我们选择了携手相伴。越长大越发现很多事情不能如你所愿的十全十美，必得有所取舍，同时我也相信有失必有得。公司始终践行“家”文化，为我们的小家庭送来了大家庭的慰问祝福。

人生短短数十载，匆匆一世似烟云。此时的我，感觉：路——在心中，它需要“家人们”共同打造，相信只要付出汗水和坚守，它也必将伸向远方……

我与临建高速公路的故事

徐晓亮（临建高速项目 TJ01 标）

2020 年 3 月，当收到调令的那一刻，内心充满了欣喜，终于可以离家近一点了。收拾好行囊，和一起战斗的兄弟们道声珍重，便踏上了回浙江的列车，随着列车缓缓停下，内心的欢喜终于压抑不住，无数次呐喊“浙江，我回来了”。

报到的当天刚好下过一场雨，在去项目部的路上，一路感受着沿途的风景，层层叠叠的山峦笼罩在一片雾海中，如一张泼墨山水画。经过一个半小时的车程，项目部门前“不忘初心，牢记使命”八个大字闯入视线，这更让初回浙江的我坚定了心中的梦想。

第一次去施工现场的场景，现在仍历历在目。装配化立柱迎来首件施工，那天我们一行人早早地来到了於潜三集中场地。入职三年来，这是第一次实地接触装配化施工，我在施工现场真正见识到了课本上学到的工序流程。立柱凿毛、运输、吊装、压浆……那天我将装配化工艺全部在现场过了一遍。

在装配化预制场，工人们操作着设备，立柱的底部和上部的凿毛在有条不紊地进行着，发出“咚咚咚”的声响，和机械设备的轰鸣声共同构成了工地交响乐。随后在龙门吊的吊装下，一根 3 米多长的立柱翻了个身子，像是刚按摩完伸懒腰的孩子。立柱缓慢地放在了平板车上，它即将被拉去施工现场，履行它的使命。

紧随平板车的脚步，我们赶到了於潜枢纽主线 1 号桥现场，这边工人们早已做好了准备，等待着“大家伙”的到来。在吊机的轰鸣声中，立柱缓缓上升；在现场安装指挥的一声声“慢慢慢”的吊装指挥中，立柱稳稳地立在了系梁上；确定预埋筋安装无误后，立柱重新被吊了起来；工人们上前，做着一系列的工序，在千斤顶安放到位后，立柱缓缓下降，系梁的每根钢筋准确无误地进入了立柱之中，与立柱完美融为了一体，工人们随即进行了灌浆。接着，一根根立柱接连不断被运输到了现场，主线一号桥如雨后春笋般，一根根立柱拔地而起。

现场安装中，我得知立柱安装对精度要求极高，在惊叹的同时也有些许疑问：这么大的立柱和桥梁，如何在施工时做到分毫不差？我带着问题回到了办公室，在方案中查找到了答案。原来，精度的控制是通过一系列的工序来实现的，从系梁的施工开始，到立柱的预制，再到最后安装的完成，每个环节层层相扣，最终将施工的精度控制在毫米级别。

来到临建高速四个多月，我感受颇多。任何恢宏壮阔的交通工程，都离不开每个构件、每个细节的匠心智造。不仅仅是装配化桥梁，还有 T 梁预制、箱涵、隧道等，都是如此。对我来说，需要学习的还有很多。我有幸赶上了交通大发展的黄金时代，见证并参与交通建设的浪潮当中，我一定不忘初心，牢记使命，不改当初选择交通行业的初衷，决意为交通强国出一份力。

梦想开始的地方

陈　辉（临建高速项目 TJ04 标）

不知觉间，来到临建高速项目 TJ04 标已五个月。在这期间，我庆幸自己遇到了最好的领导、最好的师傅，以及最好的同事，是他们用心的教导，助我成长。

临建高速项目 TJ04 标是我工作的第一个项目。作为一名测量员，在这里，我经历了每根桩基、每道系梁、每榀盖梁的建设，见证了项目的起始和蓬勃，看着分水互通主线桥拔地而起，项目施工进度不断推进，一股自豪感油然而生。回望这几个月匆匆时光，付出了很多，学会了很多，也成长了很多。

自 2 月底结束岗前培训和安全教育，就投入到项目生产工作，白天与师傅去工地学习测量，晚上梳理资料、学习内页知识。测量工作跋山涉水、每天步数 20000 起步，烈日暴晒之下，枯燥乏味油然而生，但我丝毫不敢懈怠，一步一个脚印走来。“奋战四个月，打赢攻坚战”，我以坚韧笃定、拼搏不息的精神投入到建设过程中的每个节点。

作为一名测量员，我意识到自己的责任和使命。测量工作不是一个人能完成的，而是需要整个团队配合。有幸成为项目一分子，我深以为荣。攻坚时刻，能为项目出力，虽辛苦但开心。虽然大家每天都在超负荷工作，但也是在携手成长。远离都市的繁华与喧嚣，守一份心灵的净土。我坚信，这一切都是最好的安排，要把拼搏的自己留给当下，认真地过好每一天，不为自己的选择而后悔。

羽翼高飞到碧霄，鹏程万里岂知遥。工作中，我深刻体会到理论指导实践，而实践又反作用于理论的真正含义。在实践中，我所学理论知识得到了进一步的巩固和提高，同时也理解到了团结协作的重要性。随着对工作的认识不断加深，一些不足也暴露出来，我将继续坚持探索、努力学习、不断奋进，将自己变得越来越好，为临建高品质建设助力添辉。

凡是有信念支撑的地方，路途总不会太乏味。临建高速项目 TJ04 标，梦想开始的地方。在这片家园中，或许那些唯美总不归你所有，但你会想倾尽所有，用汗水和青春，去镌刻每一个故事。

走向远方，我无所畏惧，把梦想不断延伸，书写壮丽的路桥史册。

工地里的江南

王　珍（浙江摄影出版社）

车在山道边疾驶，一路是起伏的山峦和零零散散的村落。青翠的竹林、郁郁葱葱的苗木、秋色斑斓的田野，稻草秸秆扎成一小垛一小垛晾在刚刚收割完的稻田里，远处的柿树上，残留着几颗火红的柿子……大致相似的场景重复切换着掠过车窗，视觉由最初的惊喜渐渐地变得些许审美疲劳。

如果不是一组素雅明朗、粉墙黛瓦的马头墙建筑擦亮了目光，也许我永远都不会知道在兰溪市马涧镇有一个澄宅口村。

穿过小桥流水，一重重层次分明的马头墙，仿若企盼着少小离家的游子回归的家园。错落有致的青瓦下，素白灰粉的墙面，辉映着纤纤竹影，多彩的格桑花开得恣意烂漫。

有幸参加浙江省交通作协、金华交通作协“综合交通廊道建设”联合采风活动，于2017年10月26日黄昏，走进这个美丽的建筑群，恍若走在唐朝白居易的《井底引银瓶》诗中：“妾弄青梅凭短墙，君骑白马傍垂杨；墙头马上遥相顾，一见知君即断肠。”

惊艳之外，我的脑子里画满了惊讶的问号。这就是令人羡慕的新农村？似乎又多了几分现代、时尚的都市气质。是城市里珍稀的江南院落？分明又在乡野山坳之中。莫非是误入了元杂曲言情剧的影视拍摄地？

听我不时地嘟囔、惊叹，交通旅游导报文化传媒中心主任张帆热心地为我指点迷津——这是建金高速项目驻地。这里建筑风格优雅别致、布局匠心独运、功能齐全，充满着人文关怀，等工程结束后，这些房舍、球场、菜园都将留给当地的村民作养老院。

一个临时的驻地，却丝毫没有将就、敷衍的蛛丝马迹。

那里的每一棵树都不是随意种下的，从精选树种的用心，到种植高低错落的讲究，设计比专业的园林设计更多了些许情怀；那里的每一道墙上的墙绘都是一个或者多个经典的原创故事，即使没有任何解说词，悉心体会，也不难领悟到那一笔一画中所蕴含的独特的思想火花和积极向上的人生信仰；那里的办公室、会议室、宿舍、食堂、书吧、操场、快递投放处……每一个细节都精雕细琢，完全是一个安居乐业的温馨家园，也必将成为建设者一个后天的故乡。

能把一个工程的临时驻地建造得如此精细，需经得起时间考验的路、桥建造质量就更毋

庸置疑了！

确实，交通人不仅有穿山越水、勇往直前的豪迈气概，还有细致入微、充满人情味的柔情才华。想起英国诗人西格里夫·萨松《于我，过去，现在以及未来》中的经典诗句："心有猛虎，细嗅蔷薇。"

不管被告知了多少次，这只是路桥建设者的一个工地，但身在其中的我依然认为，这就是我"梦里寻她千百度"的江南，是吴冠中画里清新、精致的江南！从此以后，除了画里江南、诗里江南、梦里江南、水里江南之外，我的记忆里又多了一个工地里的江南。

这条路，我想陪你走得更远些

沈　健（西复线湖州段联络监理办）

作为一名工程监理员，我的半生走过太多的路，多到我已无法表达我对这片土地的感情有多深，而人的一生要走多少路，才能再次走回原点。

“别摔着了！”我循声望去，原来是一位年轻父亲在提醒肆意奔跑的小女孩。记得小时候爸爸也总爱如此提醒我，但我总是不长记性，一次又一次地摔倒。自小，爸爸常常给我讲家乡德清的各种文化，但是我心里明白，他一直都想要出去看看的。十多年前，社会发展还没有如今先进，爸爸为人子为人父，有太多家里的牵绊。因此，多年后的我凭借一直以来的信念与坚持，成为一名道路工程监理员。那时候唯一的心愿就是带着父亲出去走走，看看这世间的繁华。然而，我现在也如年轻的父亲一样，事业和家庭就是我的全部，带父亲旅行的愿望也难以实现。

回忆总是漫长而又简短的……

那些年，老爸对我说过最多的话，就是“我走过的路比你吃过的盐还多”。时光飞逝，再次走在这条路上，却已是我一人踪迹。今年，草木春来又发，鲜花败了再开。春夏秋冬，清风朗月，草长莺飞，不知不觉间，已经过去这么多个年头了。

小时候，我总爱收集那多余的轻轻柔柔的丝绵，吹起来当雪花玩。爸爸也总说，我怎么像个女孩子一样。

我继续往前走，这里的夜晚灯火通明，一切显得白亮起来。抬头看，“杭州绕城西复线湖州段”映入眼帘，原来不觉间，我已经走到这里来了。我是这个工程联络线监理办的一员。犹记得初始之时，面对规划的种种虽方向明晰，但也时常感到迷惘，直到现在脚踏在这片土地上还是感觉不太真实。春节疫情期间，作为监理办唯一一名德清本地人，我主动请战到防疫防控一线值班值守，积极参加各项疫情防控工作，用实际行动扛起抗疫使命担当。为了确保复工后项目的有效开展，我们更加严格地要求自己。封闭化的管理虽然有种孤独感，但是心中的力量却更加强大。尤其当收到一件件抗疫物资的时候，更是倍感温馨。

从 2017 年的起步，到现在严峻时期不停工。从渺小到伟大，父亲见证了我的成长，而我见证了自己人生路程的蜕变。在我的人生路上，父亲陪我走过前半程；在父亲的人生路上，我也想要陪伴他走得更远一些……

意外的敲门声

沈　健（西复线湖州段联络监理办）

“奶奶，又要交书费了，老师说不能再拖了。”略显昏暗的小屋里，我挪到奶奶跟前，怯生生地说了一句。虽是白天，我仍感觉周围的暗如同液体般在微微压着我的身子，让我不能伸展开躯体。

那时，爸妈离开德清去杭州打工了，留下我和奶奶在镇上生活。他们只有在过年时才会回来。我知道，他们想努力赚钱，给我更好的生活。可天不遂人愿，那年初爸爸意外车祸受伤，住进了医院，好在没有落下残疾，但也花了大笔的医药费。这让我的家庭雪上加霜，以至于直到年末，我这个学期的书费还欠着。奶奶这么大年纪了还要为我的书费奔波，这让我感到羞愧。我没敢说自己过年想要一个新书包，即使旧书包已经破得不成样子了。

远处又传来施工的声音，金属的碰撞，挖机的轰鸣，听说这里要修一条新高速公路了，不知道爸爸的工地上是不是也是一样的场景？我推开窗，看着远方初具雏形的高架路延伸向远方，不知道能不能一直延伸到爸爸妈妈在的地方。

这时候传来了敲门声，奶奶打开门，外面是几个穿着工装的中年人。“新年快乐！”他们满面笑容，手里还提着礼物，他们说是高速公路工程监理办的，响应指挥部号召来慰问沿线贫困留守儿童。

原本安静的屋子突然热闹了起来，叔叔们对我和奶奶嘘寒问暖，让我有些不知所措。他们告诉我，这条杭州绕城高速公路西复线是浙江省“四大建设”、现代交通“五大建设”的重要项目之一，也是国家高速公路网和杭州都市经济圈环线的重要组成部分。全线通车后，能完善浙江省高速公路网，促进沿线发展。我没有完全听懂，但也隐隐知道了这个工程的重要之处，不禁想起了我爸爸好像也在建设着一些大工程。

一番攀谈之后，他们留给了我们一些生活用品，还专门给了我几本书和一个新书包，这让我太开心了。领头的那个叔叔告诉我，要好好学习，不能辜负爸爸的辛劳。

他们走后，我又推开窗户，看着远处在建的高速公路，金属声和轰鸣声似乎也悦耳了几分。抚摸着新书包，我的心情似乎好了不少。此时奶奶接了一个电话，然后激动地大声告诉我，爸爸妈妈要回来了，他们要回来陪我过年了。我一时没有反应过来，但嘴角已经不由自主地咧开了，我看到远处天空中飘着几盏孔明灯，好亮好亮，跟我此刻的心情一样。

后记：2019 年春节前，西复线湖州段项目指挥部组织参建各方对项目沿线乡镇（街道）困难群众进行慰问，也是为了主动倾听百姓意见，构建和谐融洽的项目建设环境，加深企民鱼水情。监理办积极响应指挥部号召，总监、副总监带队，对沿线禹越镇、莫干山镇 6 个困难户及贫困儿童进行慰问，为他们送上了大米、油、文具以及慰问金。在慰问活动中，我了解到有户家庭父亲生病花掉很多医药费，遂有感而发，以这家孩子的视角写下此文。

一支特殊的“部队”

高列立（西复线湖州段房建监理办）

建筑施工的现场是不分昼夜的，工人们夜以继日挥洒着汗水。

夏天，南方穿着时髦绿装的树干上爬满了知了，田间、山野上响起了美妙的乐章，诠释着夏的酷热，空气中弥漫着夏的气息。

城市的不远处，混凝土车旁站着一个个身材精壮、头戴安全帽的男子。此时，他们正专心注视着混凝土从罐中流出。在这里，他们也像混凝土般把自己融入到建筑中，为自己的青春找到了一个坚实而又柔软的地方，在这里注入了自己的爱与力！

工地的生活就是这样，工人们整天面对成堆的钢筋、深厚的沟槽、堆积如山的沙土以及冰冷的机械。虽然这些都没有感情，但是建设者之间都结下了深厚的友谊。望着一层层楼层逐渐升高，他们仿佛看着自己的孩子慢慢长大，露出了欣慰的笑容。

清晨，和煦的阳光透过稠密的树叶洒落下来，成了点点金色的光斑。建设者们衣服早已湿透，汗水在阳光照耀下格外亮眼。我实在忍不住心中的好奇，拍了拍其中一位师傅的肩膀。他转过身，笑容灿烂。他身形略微瘦小，皮肤黝黑，身上有些许泥土，洁白的牙齿透露着春天一般的气息。

傍晚，太阳落山，一阵阵晚风把一天的炎热收去了。此时的天空，瑰丽的彩霞簇拥着太阳，深情地望着辽阔的田野，欲挥不去，好像要把自己的光和热留在人间。耳边突然传来阵阵说笑声，回头一看，工人们成群结队，有说有笑，谈论着工作上的一些话题，谈论着家里的一些琐事。想起远方的家人，他们露出了笑容。放眼望去，他们手中拿着空空的塑料瓶、食品的包装盒，放入了垃圾桶中，宛如篮球运动员扣篮一般漂亮，我心中忍不住说了一声“好球”。夕阳西下，望着他们逐渐远去的背影，颀长的影子拖在地上，显得那么伟大！

风轻花落定，时光踏下轻盈的足迹，卷起昔日的美丽悠然远去。一阵阵操练声引导着我向远处看去，着装整齐的一支“部队”正在进行演练。夏日，热浪席卷而来，中暑成了建筑工地的常事，以往各个地区发生的机械伤害也历历在目。为了防止再出现这些血与泪，项目举办了“高温中暑暨机械伤害事故应急救援会”，一遍遍演练着高温中暑以及机械伤害后的正确处理措施，仿佛想要将其刻进大家骨子里一般，时刻提醒着大家“安全第一”。

走出施工现场大门，许多旗帜在空中飞舞，旗帜上的字时时刻刻提醒着建设者坚守工程安全质量、团结一心共创品质工程。海报上，习近平总书记关于“消除事故隐患，筑牢安全防线”以及坚持“百年大计、质量第一”等安全生产指示随处可见，这也彰显了杭州板块对党的方针牢记于心，对工程质量、安全隐患的零容忍。这时我的耳边响起那句“做有态度的城市建设者”，这不仅仅是他们对自己的提醒，也是对大家的提醒。

在此致敬杭州绕城高速西复线湖州段所有默默付出的建设者！

谁在成全着你的岁月静好？

王亚亚（建金高速项目土建 TJ2 标）

三月的杭州，雨说下就下，没有一点征兆。接二连三的阴雨天很是沉闷，竟泛起一丝凉意，不得不又拿出被打入冷宫的羽绒服，不自觉地叹息：还是上学好。每当下雨的时候，如果条件允许，总是选择躺在床上、嗑着瓜子追剧，好一番惬意……

似乎自古以来阴雨总是添新愁，窗外雨滴淅淅沥沥，这样的天最是容易让人倦怠懒散、心生乏味，如果这个时候能够沏一壶热茶，泡个热水澡，岂不美哉！美梦还没做完，思绪突然被打断，微信群里看到同事分享了一组工人雨天干活的照片，顿时想拿起笔写点什么……

路遥曾说："有时要对自己残酷一点，应该认识到，如果不能重新投入严峻的牛马般的劳动，无论作为作家或是作为一个人，你真正的生命也就将终结。只有初恋般的热情和宗教般的意志，人才有可能成就某种事业。"

晴天一身汗，雨天一身泥，寒冬手裂口，夏天晒脱皮……

在你熟睡之际，他们依然坚守岗位，扛着钢管、拿着榔头、敲着模板。是他们，用勤劳的双手撩开了夜幕的面纱；是他们，用无畏的脚步叩响了夜空的浮华；是他们，用纯善的嗓音唤醒了大地；是他们，用最美的呼吸净化了昼夜的喧哗；是他们，让我们在夜晚华灯齐放时，看到高楼耸立。

在很多地方，你都能看见这样的一群人：没有写字楼里西装革履的帅气，没有朝九晚五的惬意，他们穿着最朴素的橙色工服，从南到北、从东到西，一寸寸拓宽着祖国的经脉。

小时候，老家很偏，没有通到家门口的公路，每天走的是祖祖辈辈用双脚踏出来的黄土路。每每走在放学的路上，小伙伴们都会一起哼唱"这里的山路十八弯……"，期待什么时候能一出门就有车通行。现在长大了，再回老家，家家户户门口都是柏油路，别说是通车，高铁都修到家门口了……

一条金色的"腰带"就这样悄无声息地惠及着一方百姓，是否刚好有幸，有人也在建设着你的家乡，成全着你的岁月静好？

建金高速起自杭州建德市杨村桥镇，接已建成的杭州至建德高速公路，止于金华市二仙桥东，接已建成的金华至丽水高速公路和杭州至金华高速公路，全长 58.09 公里。建金高速公路的通车，不仅会缩短临安与金华的距离，也拉近了浙中、浙西与杭州的距离，成为浙江南北向交通的一条干道，毫无疑问，推动了沿线临安、桐庐、建德、兰溪的发展，为沿线的旅游资源带来了机遇，同时也将推进长江经济带综合立体交通走廊建设，完善国家和区域高速公路网……

在这诸多便利背后，是谁在替我们负重前行呢？在建金高速项目土建TJ2标，我看到有一群无畏风雨的人，他们作为建金高速公路建设的一分子，在建设着“你”的家乡，让我们一起为他们点赞，感恩还在坚持的他们，他们所有的付出，终将有迹可循。

兰江桥上，身影忙碌，时间在走，时代在变，不变的是坚守在一线的建设者们，他们为了我们的岁月静好负重前行，直到天堑变通途……

雨后即景

化万里（临建高速项目 TJ01 标）

淅淅沥沥的小雨拍打着阳台，雨很轻，风很缓，远处的山头被烟雾围绕。

打开房门，站在阳台上看着眼前安谧的山村，薄雾随风飘动，散得到处都是。宿雨滋润着花木，庭院里的积水泛起花纹。这不是我第一次这样看雨，但是周围的一切都充满着一种无以名状的舒适与和谐。

提伞出门，沿途有果农在摆摊，上面摆放着红彤彤的桃子，红的是果农们大半年的心血。连日的阴雨使得果农们怎么也开心不起来，毕竟水果的采摘时间、保存时间都很短。真是雨可润物，也可毁物。

撑伞继续向前走，雨比之前来得急了一点，周围的声音倒显得很是活跃。国道上的车子压过路边的水坑，溅起水花；民房上的水顺着管道流下，击打着地面；道路上的水顺着沟槽流下，流进了两边排水管道。这场雨，一半流进了江河，一半流进了耳朵。所有的声音混在一起，像大自然精心谱奏的一首协奏曲。

接受了大雨的洗礼，满眼的景色都透着青翠，朝气蓬勃的桃树在微风中扭动着慵懒的身躯，像极了江南柔美身段的女子在微雨中撑着一把油纸伞。旁边的拌合楼则像极了一位皮肤黝黑的大汉。粗犷与柔美的碰撞并没有给人一种云泥之别的感受，反而在江南的烟雨中尽显一片和谐。

我放慢了脚步，想多去感受这与以往不同的景象，但又害怕走得慢而错过了前面的风景。路上的人有的有说有笑，有的面无表情只是匆匆赶路，很少有人去留意身边的风景。就像罗丹说的，生活中不缺乏美，缺少的只是发现美的眼睛。对大自然来说终是曲高和寡，知音难求。

雨中的洞口场地换了一层新妆，连日阴雨不见阳光，倒是给场地增添了几分安详。站在栏杆处眺望远处，山体在薄雾中隐蔽着光辉，若隐若现，像极了古代女子的蛾眉，比平时多了几分娴静端庄的神韵。脚下国道宛若游龙，依着山谷，穿过村庄，缠绕着墨绿的山峦。所有的一切都因为连日雨水妆成与以往不同的模样。

面对着崇山峻岭、茂林修竹，虽不能列作其次、曲水流觞，心中也难免会有感慨并为此流连。毕竟背后是百年工程，眼前是层峦叠嶂，我们既要绿水青山，也要交通通畅。昔日诗仙可以早发白帝夕至江陵，今日我们可以辰发江宁巳至临安。

自然馈赠了很多东西，我们不光要建设好家园，更要坚守住绿水青山，保护好人类赖以生存的环境。今年的环境格外敏感，先是新冠肺炎，接着洪水泛滥。以往水在我们心中应该是柔弱的、奉献的。老子说过："上善若水，水善利万物而不争，处众人之所恶，故几于道。"水很接近老子提出的"道"。人法地，地法天，天法道，道法自然。这里的自然就是大自然。从古至今人类生活在大地上遵循地的法则，地要遵循天的法则，天要遵循道的法则，道要遵循大自然的法则。所以我们在建设家园过程中，一定要怀揣一颗敬畏之心，保护好我们的家园。

深山的门与路

邵玉莹（建金高速项目 TJ05 标项目部）

我家在深山里，全村与外界的联系仅靠着那条蜿蜒盘旋的柏油马路，这条路既是我们全村通往外界的路，也是沟通外界的门。

小时候，我眼中的世界就只有孕育我的村庄。黄泥路蜿蜒崎岖，要到外面去就得跋山涉水，穿过数十条田间小道，翻越一座横亘高耸的大山，需要花费大半天的时间，才能看到外面世界的部分样貌——那是一条水泥路，至此就可以搭乘汽车前往县城，它在我心中的意义不亚于潘多拉魔盒的钥匙，只要有这样子平平整整的路，我就可以去任何想去的地方。我那时候就想，我们村有条这样的路该多好，我是多么向往外面的世界。

2005 年夏天，炎热的风带来了好消息，一条全新的柏油马路将被修建，连接深山里的村庄和外面的世界。村干部组织村民去给修建马路的人送去消暑食品，我也好奇跟着前去。那么大热天呀，工人师傅们头顶烈日一刻不停地施工，正是由于建设者高涨的热情和奉献的精神加速了建设进程，这条路终于在年末建成通车。

通车后，我时常坐在门口张望这条路带来的热闹场面，隔着田垄就可以看到柏油马路那神气的身姿，它袒露着胸膛怀抱着来来往往的车辆，护送一辆辆摩托车、自行车自由进出，带出去深山里天然绿色的农副产品，带回来钢筋水泥以及一切新鲜事物。村庄里的房屋修整了，基础设施完善了，各种新事物涌进来了，大家的生活日新月异。随着这些年村民们生活水平不断提高，这条柏油马路上奔跑着的车辆更多了，小汽车、货车以及公交车。公交车是在 2018 年开通的，从此彻底解决了我们村最后一公里的出行问题。

年复一年，这条柏油马路环绕着深山，似乎没有过变化，却在村庄与外界的联系中起着至关重要的作用，提高了村民的生活水平，便利了村民的出行，也让我走出了大山。

这条路仅仅是我国万千道路中很渺小的一条，但它带给我们的意义却无比非凡。

千里寄家书

马朋涛（建金高速项目 TJ02 标）

我最亲爱的家人们：

你们好！我是你们的儿子、丈夫、父亲。常年不能在家陪伴你们，过年相聚又很短暂，今天借此机会跟你们说说我作为一名建设者心里最想说的话。

首先，我想对我的父母亲说。爸妈，从毕业那天起，我就知道我以后陪在你们身边的时间会很少。工地都在偏远地区，那里道路不通，经济发展滞后。当我看到他们用竹篓背农作物上山下山的时候，我知道我选择的专业是正确的。上学时，老师总是教育我们长大后要做对社会有用的人。祖国哪里需要我们，我们就往哪里走。正因选择了道路与桥梁专业，我们相聚的时间总是那么短暂。每每夜深人静的时候，我会想起母亲的叮嘱和唠叨，想起父亲的教诲。也想象过自己回去了要好好跟你们在一起，哪怕不去远地方，就是在家吃顿可口的饭菜，都会让我感觉到无比的开心与踏实。我知道，每次年后要离乡回工地时，母亲总是偷偷躲起来抹泪。为了生活，为了给偏远地区的人们创造方便的出行条件，我不得不离开家乡，离开我的家人。虽然聚少离多，但是看到老百姓们因为通路而绽放的笑容，我知道这一切都是值得的。路通了就是打开了他们的致富之路，我们所修的每一条路都是造福人民之路、品质之路。各行各业都有人在默默坚守着，我只是其中一员。作为筑路人，我很自豪，通过我们的努力可以改变提高他们的生活水平，这是我选择道路专业的意义所在。

杭州绕城高速西复线直埠枢纽

接下来，我想对妻子说说心里话。最想说的就是感谢。感谢你一直以来的理解和支持。刚开始对工地和我们的行业

不了解，总是埋怨我不能陪伴在你和孩子身边。在最需要我的时候，我却远在千里之外，心中总是有很多的愧疚之情。感谢你从最初的不理解到最后的支持，这是我莫大的动力源泉。我曾告诉你，有时候修一条很远的路，山上就一户人家，只要路通了，这家人与外界的联系就更方便了。在贵州，看到留守儿童翻山越岭地去上学，我顺路送了他们。看着孩子们可爱的背影，我在心里告诉他们："孩子们，读书不是最苦的时候，不读书才是最苦的。等道路通了，你们就不用走好几个小时才能到达学校。你们也会像其他孩子一样，有校车接送，有营养早餐……我们能做的，就是为你们铺平现实之路。人生之路还需要你们一步一个脚印去探索。"听到这里，你的眼眶湿润了，感慨原来大山深处的孩子如此艰苦，一条平坦的大道对他们来说就是通向智慧之路，也是改变命运之路。

孩子，你还小，不能理解爸爸为什么总是披星戴月而归，天方破晓又离家。爸爸想告诉你，珍惜现在所拥有的幸福生活，好好学习，通过知识来改变自己，改变生活，改变未来。未来是你们的，用自己所学的知识来温暖世界的一角，用你的力量去支撑困顿中的人们。

我最爱的家人们，感谢你们！希望在以后的生活里，我们继续彼此温暖，一个眼神，一抹微笑，都是我前行的动力。像我们这样的家庭还有很多，因为工作原因不能陪伴在家人身边，希望他们都能守得云开见月明。相信在未来的日子里，没有聚少离多，只有爱的陪伴。

“乡愁”不再

吴潇萍（西复线湖州段项目指挥部）

“小时候，乡愁是一枚小小的邮票，我在这头，母亲在那头。长大后，乡愁是一张窄窄的船票，我在这头，新娘在那头。”正如余光中《乡愁》所写的那样，故乡始终令每一位游子魂牵梦萦。在过去的岁月中，许多人背井离乡，回家的路途远且坎坷，有限的交通工具和并不发达的道路交通使游子回乡变成一件奢侈的事情。而今，随着中国交通事业的不断蓬勃发展，飞机、高铁、高速大大缩短了回家的路程，也使得“乡愁”减弱为“乡思”。

89岁高龄的爷爷常常在饭桌上同我讲述他年轻时的生活，提起当年出门的不易。爷爷说，以前所说的好路就是铺个小石子，有的连小石子也没有，全是土路，晴日尘土漫天，走上一段，人便“灰头土脸”了；雨天更不得了，乡村路上坑坑洼洼，泥泞不堪。那时候，就算城里的大路也都路基不实，常常被车辆轧出一个个大坑。以前买东西、走亲戚、上学等，都是步行，远一点的地方就用牛车。那时村镇上并没有高中，父亲那辈人读高中时，都是挑着一堆东西徒步去另一个镇上的。后来，自行车的出现让远程的路有了一定的依靠，但是家里人多，没条件每人配一辆，所以出门也并不是那么方便。那时村里很多都是泥土路，一下雨，骑自行车也是寸步难行。

随着时代的发展，公交线路规划到了农村，出行就便捷了许多。如今，几乎每家都有一辆小轿车，去城里、跨市甚至跨省都不是问题。村里不管是主干道还是乡间小道都是柏油路或水泥路，雨天寸步难行的日子一去不返。爷爷坐过高铁、飞机，去过杭州、北京、上海……他说自己曾经都不敢设想能出衢州市，更别提能去首都看毛主席了，这一切都归功于现在发达的交通。

我们青年一代是幸福的一代，自出生起就衣食无忧，父母竭尽所能给我们创造更好的条件。我们虽然没有像老一辈人一样，陪伴着祖国走过风雨七十年，但是我们将会陪伴着祖国走好下一个七十年。

雕刻者的背影

黄　华（临建高速项目 TJJL-02 监理办）

记忆中，家人的样子是模糊的，他们只是工程建设中的过客。当座座大桥飞架两岸时，他们已悄悄走入了人群。当我们在欣赏那些完美建筑时，却忘记了那些默默雕刻它的人。蓦然回首，脑海中只留下了一个个陌生而又高大的背影。

盛夏之时，火云如烧，暑气熏蒸，当人们乘凉避暑时，他们却头顶烈日挥汗如雨，血与泥搅拌，汗与泪交加，这些你看不到；严冬之际，寒风凛冽，滴水成冰，当人们享受温暖时，他们却脚踏白雪流汗作业，钢与铁交叉，雪与汗相融，这些你看不到；他们高空作业，皮开肉绽的那份恐惧与痛苦，你不会看到；他们不再年轻，却依然奋斗不息的那份执着与激情，你不会看到；他们盼望团聚却无能为力的那份失落与渴望，你同样不会看到；他们的苦与乐，笑或泪，喜与悲，你统统看不到！你能看到的，或许只有那蹒跚而高大的背影。

他们不曾刻下姓名，也不曾留下遗憾。如果我们有幸，可以目睹他们那干了又湿、湿了又干的工装；如果我们有幸，可以体会他们那渴望团圆的心情；如果我们有幸，可以品尝他们那无穷无尽的酸甜苦辣。我想，最终我们记住的也只是一个背影，因为双眼已被泪水所占据，再也无法用眼睛记住他们的脸庞。只有在心中铭记他们那共同的名字，只有在脑海中刻下他们那高大的背影。

总有一道光会驱散阴霾

夏榕泽（临建高速项目TJ03标）

独在异乡为异客，每逢佳节倍思亲。

顺着飘过来的饭香味一眼望去，只见一位身着白色厨师服的大厨挥舞着长长的炒菜勺，指点着属于他的那片小天地，每一个动作都烂熟于心，一气呵成，有时候还会哼上几句流行小曲，给项目部带来了不少欢乐。大厨旁边站着的那位便是我们的办公室主任，侧头在跟厨师交流今天晚上的菜品。只听主任对厨师说：“今天得多做几个好菜呀，今天过节，大家也不能回家，晚上项目部的大家伙在一块聚一聚，也热闹热闹。”旁边的帮厨阿姨也附和着：“大家都背井离乡的，在外工作怪不容易嘞。”

厨房里，哗啦啦的洗菜声、叮叮咚咚的切菜声、欻欻作响的炒菜声，还有厨师时不时地哼唱，声音繁杂，又意外地和谐……

打开电脑，翻看五一劳动节的视频剪辑，音响里传来了这样铿锵有力的声音：“咱们工人有力量，每日工作忙……”

夏天的工地像是被太阳独宠，没有一丝的凉风，地面被照得滚烫，一个个橙色的身影，在工地走动。他们身着统一的服装，戴着统一的安全帽，在烈日下工作，一个个热浪袭来，汗水顺着他们黝黑的脸上滑落，沾湿了他们的衣领。他们没有片刻停歇，就这样顶着炎炎烈日，为我们铺平道路，为我们筑成沟通大河大山的桥梁和隧道。

这一天，太阳依旧早早爬起，普照整个工地。这时工地开进来几辆小车，停在一块空地上，几个人一箱箱地从车上卸货。走近一看，原来是项目部同事还有领导为工人们送来了清热的饮品还有防暑药品……

人这一生，会有很多次背井离乡不能团圆，会有很多艰辛苦难不能言说。但是这些也会被有心人察觉，并默默地守护着他们，用自己的真诚给这些失意的人带来温暖，驱散他们黑暗中的阴霾。

诗与远方
Poetry and distance

诗在远方，也在脚下。若没有对远方至深的渴念，便没有这荒凉中写就的繁华诗行。他们是脚下大地上朴素的诗人，也是被远方召唤的忠实情人。

建金高速公路工地赞歌

谢雄雁（建金高速项目 JL3 监理办）

每当从工地走过，一种自豪之情顿时溢满胸腔，
那一排排伟岸的桥墩，
那曲线平顺的护栏，
那四通八达的匝道，
站在互通区的高架桥上，
施工中的一幕幕浮现在眼前。

机器争鸣，铁锤铿锵，演奏动人的乐曲，
钢筋为骨，模板为肤，勾勒恢宏的轮廓。
爆破的声响震撼着尘封的土地，
轰鸣的马达呼唤着沉睡的山河。

施工场上，每一面彩旗都迎风飘扬，
办公室里，每一个数字都凝聚心血。
到处是忙碌的身影，到处是别致的网格，
到处是秋的丰硕，到处是春的蓬勃。

为了建设人民满意的交通，工程人倾注了满腔的热血，
在这里，别样的“风花雪月”演绎出别样的精彩故事；
在这里，非凡的工作经历成就了非凡的职场人生。

上班路上一张张黑红的脸庞，从我眼前掠过，
叫不出他们的名字，可我感受到一种无比的亲切。
走进岗位，一双双粗壮的大手永远没有停歇。

尽管汗珠漫满额头，
尽管汗水浸透工装，
可每个角落都沸沸扬扬，轰轰烈烈。

多少黎明多少黄昏，困乏双眸，带着血色；
多少风霜多少雨雪，从不推诿，从不退缩。
这就是工程人的风采，这就是工程人的本色。

一根根屹立的桥墩，诉说着你对品质的追求，
一座座延伸的隧道，舒展着你对理想的执着，
一顶顶泛光的帽檐，承载着你对安全的承诺，
一条条蜿蜒的匝道，记录着你对发展的赞歌。

听，冲锋的号角已经吹响，通车的脚步正在加快，
让我们迈开巨人的步伐，让我们紧扣时代的脉搏，
搭载中国交通建设的巨轮，乘风破浪，砥砺奋进，
为交通事业的发展续写新的篇章！

建金高速公路驻地上的格桑花

姚文明（浙江省交通运输厅）

深秋的兰溪江畔，
稻谷飘香，天空明亮。
一抹宁静的蔚蓝，
白鸽在飞翔。

我走近隐在大山旁的一个小山村，
闻到了桂花枝头最后一缕香；
我走进了建金高速工程驻地，
看到了来自高原的格桑花。

这是我到过的最美工程驻地，
背倚葱郁巍峨的金华山，
来自兰溪江的河流在屋前蜿蜒流淌……
青黛白墙，勾勒出徽派风格的建筑；
清新明丽，宛若江南的梦里水乡！

这里的每棵树都会说话，
门前的七棵桂花，小小木牌浓浓的叮嘱：
“更担当、更团结、更谦虚、更自律、
更用心、更关爱、更艰苦奋斗！”
多么无声却有力的鞭策，
是新时期对产业工人的要求！

在这样一个飞速向前的时代，
造桥修路用专业的机械设备，
模块化生产，一气呵成
标准更高更精细，对工期和品质要求更严苛！
在工地上的每一分每一秒，
都需要全神贯注不得马虎！
“以汗水积累财富、以规范控制风险”，
用心做到极致，每一个角度每一尺寸，
都是一丝一毫不能懈怠的时光！

这里是工友们的家，
以墙作画，每一面墙绘都是诗章！
也是建设者每一天生活与心境的写照！
黛瓦白墙里记录着，
工友们日出而作日落而息的身影；
竹影婆娑中，
珍藏着每一个欢笑与汗水绽放的瞬间；
那高高镌刻在马头墙上的“千金之诺”
也一定深刻地印在每一位工友的心头！

而这一束束绚丽多姿的格桑花啊
你一定知道，他们如何将信念坚守！
格桑花，藏语中寓意美好时光与幸福，
寄托着人民期盼幸福吉祥的情感。
当每一个黎明的曙光唤醒驻地上的格桑花，
也一定唤起每一个铺路的人，
心中那美好愿望，

那就是——
让越来越多大山里的人走向幸福之路！

格桑花，
是高原上生命力最顽强的野花的代名词，
而一个个建设者，
用十年二十年甚至更长的光阴，
像一只只候鸟，从一个工地迁徙到另一个工地，
无惧风雨和艰难险阻，用一双双手，
将高速公路一寸寸铺开在浙江大地上，
绵延进青山绿水的家乡和远方！

这是我到过的最美的工程驻地，
被格桑花簇拥着的新时代产业工人的家园！
这里有着我们公路人的守望：
从此出发，
愿道路漫长，不负时光！

金华山隧道

李俏红（金华日报社）

大山的深处
有一批追赶速度的人
他们和时间赛跑
工地成了竞赛的直播现场
沉睡千年的金华山
在隆隆的炮声中醒了
在双臂凿岩台车的挖掘中醒了

两山排闼，峰回路转
看，秋高气爽，阳光灿烂
一个半小时的颠簸
抵达隧道的内核
看到工地上无数的年轻人
正用汗水浇灌这条
飘洒在金华山腰的彩带

被岩石挡住又如何
被河流阻断又如何
原本遥不可及的距离
在高科技的运作下
通衢大道应运而生
雄关而今从容迈
天堑转眼变通途

排水、爆破、浇筑、拼接
新的洞口正在搬运碎石
沙尘弥漫的白天，寒冷的夜晚
忙碌的奔波，疲惫的笑脸
新技术、新工艺、新材料
筑成环保之路、绿色之路

看高坡防护，看身经百战
勘察、检测、计算、分析
看交通人的智慧和付出
看他们的力量和信念
比大山还要坚定

美丽的交通战线上
建设者们的身影
就像随处播撒的格桑花
在大山深处扎根摇曳
开出各色美丽的花朵

交工承建金华山隧道
撸起袖子
注意安全

为你写诗：临建征途

张　宏（临建高速项目TJ04标）

身披临建粉墨的万丈豪情，
胸怀亚运文明的雄浑底蕴，
同责、同心、同创，吹响逐梦的号角。
开凿隧道 、架筑桥梁、拓整路基……
无坚不摧的笃定自信，潜心熏染的建设热潮，
狂沙漫卷的浙巅雄风，谱写圆梦的绚丽序章。

战天斗地、四海为家是我们的高风，
风餐露宿、栉风沐雨是我们的亮节。
披荆斩棘、所向披靡是我们的气魄，
不畏艰险、勇攀高峰是我们的脊梁。
施工的掌纹在霞光里穿梭，
那一道最美的风景矗立在临建大地，
每一个梦想、每一道希望，
将在这里跃然起航。

挥毫耕耘画笔，谱写高速华章。
无惧炎炎烈日，激情胜于骄阳，
恰逢临建少年，秉承风华正茂。
工程建设气磅礴，握拳抖擞赴征程，
同心共筑临建梦，一路高歌谱新篇。
一条路、一座桥，天堑变通途，
临建人乐在其中，用路桥搭建诗与远方……

战

邹亚男（西复线杭绍段项目 TJ03 标）

没有硝烟的战场
空无一人的街道
石头缝中的孤仙草
正在慢慢发芽
惊心动魄的疫情
牵动十四亿人的心
东方火红的朝阳
正在缓缓升起
战　与病毒厮杀在一线
全副武装　坚定信念
即使一身病痛缠身
也要勇往直前
战　与病毒拼杀在一线
不顾生死　坚定信念
剪去飘飘长发　红装换上武
装
只为大义当前
若有战　召必回　战必胜
大丈夫立于天地间
巾帼英雄不让须眉
战　中华儿女不惧艰难
你在前方　冲锋陷阵
日日夜夜和衣而眠
只为一个更好的明天
战　五十六个民族不畏艰险
我在后勤　物资捐献
戴口罩　勤洗手　少出门
减轻你们的负担
待到山花烂漫时
与君共赏
大好河山

筑梦西复

徐　杰（西复线杭绍段项目指挥部）

在荒野，或都市
在高山，或河流
没有似水柔情
顽石却因我们而倾倒
没有如山伟岸
桥梁却因我们而缠绵
筑路的画笔落下去
沿着杭州画过一道弧线
又给祖国勾勒一个城市圈
一段一程
是交通强国的步履
一厘一毫
不管日月轮回
无论四季更替
风里雨里
我们心手相连筑梦西复

桥

喻谷良（西复线湖州段项目 KTJ02 标）

你是连接天堑的长虹
劈山斩浪
奉献了脊背让人奔腾
你是两情相悦的见证
静默无言
营造了意境成全爱情
你是驱逐贫穷的使者
横跨两岸
发展了经济造福世人

不论在南疆
还是在北境
到处都屹立着你的身影
因为有了你
人声鼎沸的渡口逐渐荒芜
桀骜不驯的江河变得温顺
独居一隅的高原飞来长龙

无论是赵州桥的古朴苍老
还是长江大桥的雄伟壮观
神奇的桥啊
你是人类独一无二的智慧
你是世间不可缺少的精灵
总是一次次地让众人惊艳

今天，新时代的建设者
正以坚毅的品质、卓绝的智慧
在广袤的土地上建造化解阻塞的长虹
在辽阔的水面上托起成就未来的蛟龙
他们为社会发展创下丰功伟绩
他们为人类进步书写壮丽诗篇

你

程恬恬（西复线湖州段项目 KTJJL 监理办）

你始终追逐着太阳的足迹
简单的轨迹　汇成了你脚下的路
而脚下的路　是你一生的征程
这就是你
野草丛生的地方
你用双手开拓一条光明大道
你没有高山伟岸　大山却给你低头
山道如歌　夹着你的汗水流下
公路如画　融进你艰辛的筑路生涯

迎着朝霞上路　伴着夕阳暮归
春夏秋冬　你在风雨中默默奉献
没有明星那样闪亮　也没有名人那般伟大
有的是平凡中不变的追求
道路的延伸记载着一代又一代公路人的青春年华
因为对公路的热爱
它延续了我们长长的梦想

你谱写着一曲与公路的人生交响曲
每一粒石子都是它的音符
而路面桥梁和隧道
是它立体的曲谱
你便是这首音乐的灵魂
你用一种特有的执着和情愫
用智慧和付出
用心地演奏着这首永远的乐曲
直到把它唱响在自己的生命深处！

最美筑路人

徐　鹤（西复线湖州段联络线段2标）

高原缺氧但不会缺路
乡村偏远却处处通途
哪怕你是永久冻土
也可勾勒天路
因为他们是筑路人

因为有了今天的筑路人
城市，乡村，它们连在了一起
高山，大河，它们变成了平地

鲁迅说，世上本无路，走的人多了，便成了路
今天，我却要说，世上的路原本难走，
但自从有了筑路人，多少坎坷都成了通途

路是你的修行

李　博（临建高速项目 TJ01 标）

路是大地的翅膀
是江河湖海的盼望
是梦想开始的地方

热闹的天
你像天上星星不过夜
你在安装　浇筑
瓢泼的雨
思念如炬
你把平凡堆砌成伟大

你的青丝、白发、寒灯、苦行
天地的朝晖、晚霞、冷雨、烈阳

你是筑路人
梦是你脚下路
路是你的修行

它念你的柔情
也念你的刚强
它从你的脚下
去完成更多的梦

人间的故事奔腾在它的肌肤上
就像你也在倾听

韶华如歌，壮行如梦

钱　婷（临建高速项目桐庐指挥部）

千山延绵，万壑纵横，
隔开了西湖的水与黄山的松。
浙皖两省相连相通，
是我们期冀了千年的梦。

壮丽的宏图已经绘就，
在两省架起联通的彩虹。
千人的努力，千日的奋战，
只为成就千年的憧憬。

早晨迎着如火的朝霞开工，
晚上披着满天的星光返程。
习惯了工地上的风霜雨雪，
习惯了奋战时的沐雨栉风。

从建德的夏到桐庐的冬，
日夜能听到施工机器的轰鸣。
从临安的春到千秋关的秋，
处处能看到我们忙碌的身影。

挥汗如雨，挥洒着洋溢的激情，
将一个个难啃的险关打通，
众志成城，凝聚了激荡的热诚，
排除了一个个突发的险情。

没有能吓倒我们的征程，
没有能击倒我们的雷霆。
即使是肆虐天下的新冠疫情，
也不能阻挡我们慷慨前行。

让我们携手发起决战的冲锋，
用我们的努力把辉煌铸成。
待捷报传遍皖山浙水时，
我们将饮尽千杯美酒同庆。

因为有你

苑海坤（临建高速项目 TJJL02 监理办）

你始终追逐太阳的足迹
简单的轨迹　汇成你脚下的路
而脚下的路　是你毕生的征程
这就是你——公路人
你没有高山伟岸　大山却给你低头
你没有流水柔情　坚石却为你倾倒
山道如歌　和着你汗水流下
公路如画　融进你艰辛的养路生涯

因为有你
天上的彩虹才落入凡间
挥动一双双沧桑的手啊
书写一部厚重的春秋
放飞一束束智慧的光啊
构想我们脚下的风流
因为有你
山水间才驾起一道道彩虹

那被太阳晒得黝黑的脸啊
记载了太阳的热烈
那被岁月深深刻划的皱纹啊
承载着日月沧桑

因为有你
思念的对岸才不那么遥远
因为有你
才让我们踏遍祖国秀丽山川
因为有你
遥远的我们从此不再孤单
因为有你
希望和梦想在我们每个人心中延展……

因为有你——可敬的公路人
人间从此少了崎岖坎坷！
人间从此多了宽阔平坦！

匠心二绕，筑梦德清

陈晓庆（西复线湖州段 LTJ02 标）

翻开历史的画卷，时代变迁波云诡谲
追寻发展的足迹，华夏文脉源远流长
感国运之变化，立时代之潮头

曾记否
一代代路桥人前赴后继，敢为人先
劈山开道，踏遍祖国的山河大海
在寒风凛冽的米拉山口
在波光潋滟的拉萨河畔
在广袤无垠的东海之滨
在吴侬软语的“人间天堂”
他们远离故土，跃进荒野
誓将天堑变通途
在一份份“鲁班”“天佑”的荣耀背后
隐藏着多少苦和痛
挥洒着多少汗与泪
一代代路桥人奋发图强，开拓创新
用步履丈量疆域，以路桥织络河山
是这份开疆辟土的果敢
是这场矢志不渝的约定
激励着我们
挥洒青春与热血，一路一桥，让世界更通畅
倾注执着与坚守，一砖一瓦，让城市更宜居
耗尽心力与想象，一山一水，让生活更美好
九州四方阡陌纵横
道路于这九百六十万平方公里而言
是根植血脉中的肌理
如同命运与掌纹的窃窃私语
诉说着时光的刻痕
一座座桥梁的架设
一条条公路的通车
连起了天南地北话不尽的相思
路和桥的尽头，是通向家的方向
而起点
却承载着一段家人们相亲相爱的故事
我涉过黑山白水
越过星辰大海
走进熙熙攘攘的人群
在每一段风花雪月的时光里遇见你
成为共生体的一分子

在这片热土上，留下二绕建设者的足迹
秉承路的坚韧，以固基修道，构筑畅通世界
秉承桥的刚健，以履方致远，缔造美好生活

沁园春·二绕施工

赵　赛（西复线湖州段 LTJ02 标）

并蒂花开，十三晓月，两季春秋。
鉴酷夏严寒，初心耿耿，
清风两袖，征途悠悠。
壮志冲霄，红旗漫卷，
施工将竣醉眼眸。

重回顾，宜临风把酒，细数风流。
此番再出鸿猷。
图破壁，二绕继绿舟。
承中交子弟，一肩使命，
扬帆起航，击水中流。
施工有尽，爱心无度，
岁岁河东堪朗讴。
展旗帜，挟豪情万丈，更上层楼。

观临建有作

王茂宁　韩欣宇（临建高速项目桐庐指挥部）

咫尺徽杭不比邻，重峦叠水远行人；
昔愁古道千盘舞，今欲通途一线伸。
入户征田无昼夜，逢山辟路有艰辛；
莫言多少风和雨，回首家山面貌新。

临建赋

钱　婷（临建高速项目桐庐指挥部）

山抱畲乡水绕田，天高路远隔重峦；
昔日羊肠千百折，今朝高速一线穿。
移民易地大征迁，全域交通换新颜；
砥砺前行促发展，勠力同心绘新篇。

江城子·临建展雄风

李敬伟（临建高速项目 TJ05 标）

富春江畔建临建，临安美，桐庐兴；
期盼亚运，高速立新功；
咬紧节点信心雄，战疫情，忙复工；
清明雨前七隧动，大岩开，虎溪工；
箬壳宝坞峒，英公声声嵘；
两江美，竞赛争，士气足，临建兴。

水调歌头——献给交投铁军

杜隆基（西复线湖州段项目指挥部）

篇一·起航

独立船头，钱江东流
交投铁军，勇立潮头
看浙江省内，万千企业，百舸争流
使命担当，数我交投
扬鞭奋蹄，勇往直前
筑梦今朝竞一流
怅寥廓，问交投铁军，谁甘落后？

篇二·奋斗

高山能蔽日，险水欲断船。
山高水险，安能挡我交投人？
放眼青山绿水，中有桥隧点缀，归雁皆沉醉。
天堑无迂回，孤岛连成队。
千万里，江南北，浙西东。
吾生如斯，尚想路桥通九州。
谁愿结伴同行，借我一缕清风，
去做排头兵。
暮年回首时，白发不空愁。

篇三·回忆

杭绕百年大计，造福千秋；
忆当年，壮志踌躇；
恰基建如荼，热情似火；
逢山修路，遇水架桥；
隧道穿山，彩虹越岭；
四通八达指日成；
曾记否，做交投铁军，追梦逐流！

笔墨传情
Calligraphy and painting works

他们对交通的浓情不仅借助水泥钢筋，也诉诸笔墨。一幅幅书法作品，或飞扬或沉静，一笔一画见筋骨，见精神，更见匠心。

撸起袖子加油干（建金项目指挥部副指挥　张乃斌）

建设人民满意交通（建金项目指挥部副指挥　张乃斌）

趁韶华以奉献　铸佳绩而圆梦（建金项目指挥部副指挥　张乃斌）

对党忠诚　勇于创新　兴企有方　治企有为　清正廉洁（建金项目指挥部副指挥　张乃斌）

弘扬工匠精神　打造品质工程（参与建设者　黄耀宗）

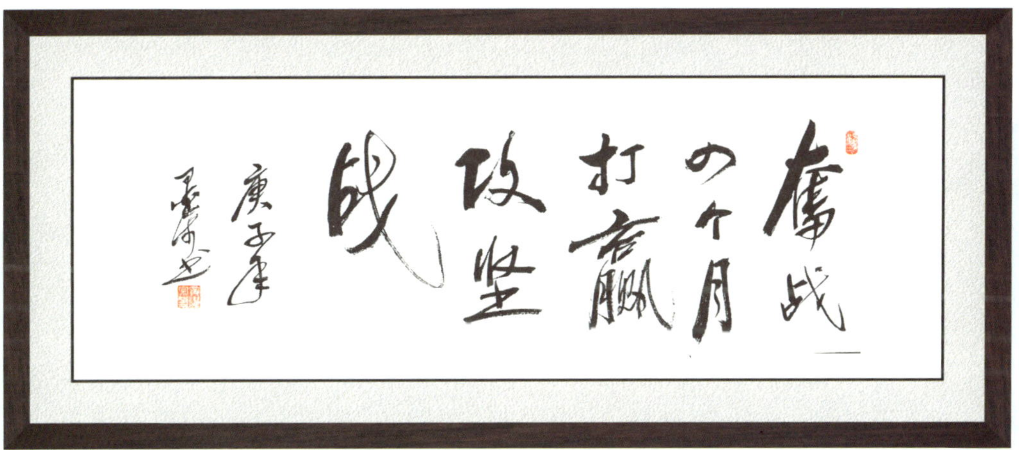

奋战四个月　打赢攻坚战（参与建设者　墨　河）

扛起争做世界一流企业新使命（参与建设者　墨　河）

为交通强省建设贡献新力量（参与建设者　墨　河）

勇当交通建设排头兵（参与建设者　黄耀宗）

建设人民满意交通（西复线湖州段 KTJ02 标　唐　洋）

之江铺康庄　临建织锦绣（参与建设者　刘　鹏）

极目楚天舒　天堑变通途
（西复线杭绍段 TJ03 标　骆贤才）

修桥铺路　造福后人
（西复线杭绍段 TJ03 标　骆贤才）

印象杭绕西复线（西复线杭绍段 TJ03 标　骆贤才）

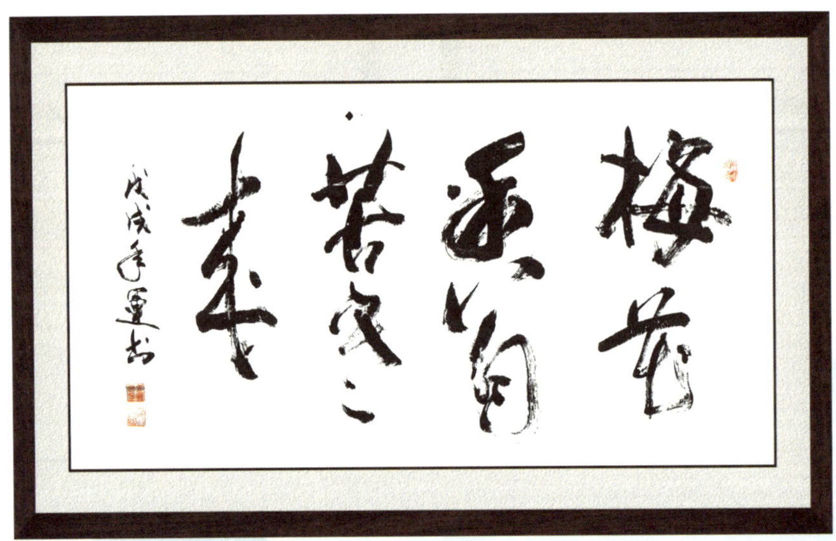

梅花香自苦寒来（西复线湖州段扩容段 2 标　肖辉运）

修桥铺路即行善（西复线杭绍段 TJ03 标　骆贤才）

牢记使命　不忘初心（参与建设者　墨　河）

原杭州板块建设大事记

Chronicle of Hangzhou plate construction

工程年表

原杭州板块建设指挥部

2016 年 8 月 24 日，浙江省交通投资集团有限公司发文设立高速公路杭州板块。

2017 年 10 月 12 日，中共浙江省交通投资集团有限公司委员会批复设立杭州板块建设指挥部。

建金高速公路

2012

2012 年 8 月 1 日，浙江省发改委批复建金高速公路项目建议书。

2015

2015 年 12 月 21 日，国家发改委批复建金高速公路工程可行性研究报告。

2016

2016 年 11 月 11 日，交通运输部批复建金高速公路初步设计。

2016 年 12 月 12 日，浙江省交通运输厅批复建金高速公路先行段施工图。

2017

2017 年 3 月 16 日，浙江省交通运输厅批复建金高速公路全线施工图。

2017 年 4 月 27 日，国土资源部批复建金高速公路先行用地。

2017

2017 年 12 月 26 日，浙江省交通运输厅批复建金高速公路先行段控制性工程施工许可。

2018

2018 年 12 月 27 日，自然资源部批复建金高速公路杭州段建设用地。

2019

2019 年 3 月 1 日，浙江省交通运输厅批复建金高速公路杭州段施工许可。

2019 年 6 月 12 日，自然资源部批复建金高速公路金华段建设用地。

2019 年 7 月 30 日，浙江省交通运输厅批复建金高速金华段施工许可。

2020

2020 年 11 月 18 日，建金高速公路通过交工验收。

西复线杭绍段

2015

2015 年 3 月 26 日，浙江省发改委批复西复线杭绍段项目建议书。

2016

2016 年 9 月 3 日，浙江省发改委批复西复线杭绍段工程可行性研究报告。

2016 年 12 月 12 日，浙江省发改委批复西复线杭绍段联络线工程初步设计。

2017

2017 年 1 月 25 日，交通运输部批复西复线杭绍段扩容工程初步设计。

2017 年 6 月 2 日，浙江省交通运输厅批复西复线杭绍段扩容工程施工图设计。

2017 年 10 月 31 日，浙江省交通运输厅批复西复线杭绍段联络线工程施工图设计。

2017

2017 年 9 月 8 日，国土资源厅批复西复线杭绍段扩容段先行用地。

2018

2018 年 12 月 6 日，自然资源部批复西复线杭绍段建设用地。

2019

2019 年 1 月 24 日，绍兴省交通运输厅批复西复线杭绍段联络线工程（绍兴段）施工许可。

2019 年 1 月 25 日，杭州市交通运输局批复西复线杭绍段联络线工程（杭州段）施工许可。

2019 年 3 月 13 日，浙江省交通运输厅批复西复线杭绍段扩容工程杭州段施工许可。

2020

2020 年 11 月 12 日，西复线杭绍段通过交工验收。

西复线湖州段

2016

2016 年 6 月 14 日，浙江省发改委批复西复线湖州段项目建议书。

2016 年 10 月 12 日，交通运输部批复西复线湖州段扩容工程可行性研究报告。

2016 年 10 月 24 日，浙江省发改委批复西复线湖州段联络线工程可行性研究报告。

2017

2017 年 7 月 16 日，交通运输部批复西复线湖州段扩容工程初步设计。

2017 年 9 月 6 日，浙江省发改委批复西复线湖州段联络线工程初步设计。

2017 年 9 月 29 日，浙江省交通运输厅批复西复线湖州段联络线工程施工图设计。

2017 年 12 月 4 日，浙江省交通运输厅批复西复线湖州段扩容工程施工图设计。

2019

2019 年 12 月 31 日，自然资源部批复西复线湖州段建设用地。

2020

2020 年 1 月 7 日，浙江省交通运输厅批复西复线湖州段施工许可。

2020 年 11 月 17 日，西复线湖州段通过交工验收。

临建高速公路

2016 年 10 月 8 日，浙江省发改委批复临建高速公路项目建议书。

2019 年 5 月 21 日，浙江省发改委批复临建高速公路工程可行性研究报告。

2019 年 7 月 8 日，浙江省发改委批复临建高速公路初步设计。

2019 年 7 月 12 日，浙江省交通运输厅批复临建高速公路先行段施工图。

2019 年 8 月 5 日，浙江省交通运输厅批复临建高速公路后续段施工图。

2020

2020 年 8 月 3 日，浙江省人民政府批复临建高速公路建设用地。

2020 年 8 月 6 日，浙江省交通运输厅批复临建高速公路施工许可。

所获荣誉

2017 年

原杭州板块建设指挥部获 2017 年浙江省“安康杯”竞赛优胜单位

建金高速项目获 2017 年浙江省“安康杯”竞赛优胜单位

建金高速项目获 2017 年度全省公路建设项目考核优秀建设单位

西复线杭绍段项目获 2017 年度全省公路建设项目考核优秀建设单位

西复线湖州段项目获 2017 年度全省公路建设项目考核优秀建设单位

2018 年

建金高速项目获 2018 年度全省公路建设项目考核优秀建设单位

西复线杭绍段项目获 2018 年度全省公路建设项目考核优秀建设单位

西复线湖州段项目获 2018 年度全省公路建设项目考核优秀建设单位

2019 年

西复线杭绍段项目获 2019 年上半年度全省在建高速公路工程综合大检查第二名

建金高速项目获 2019 年上半年度全省在建高速公路工程综合大检查第四名

西复线湖州段项目获 2019 年上半年度全省在建高速公路工程综合大检查第三名

2020 年

西复线湖州段项目获浙江省“五一劳动奖状”

领导关怀

2016 年

12 月 13 日，高兴夫副省长调研。

2017 年

2 月 3 日，时任省交通运输厅厅长郭剑彪一行调研指导原杭州板块项目建设工作。

6 月 20 日上午，时任金华市委书记赵光君赴建金高速 TJ 土建 4 标项目部检查指导工作。

7 月 6 日，杭州市常务副市长戴建平赴建金高速，调研检查公路建德段工程建设推进情况，协调解决推进中遇到的困难和问题。

8 月 2 日下午，副省长高兴夫、时任省政府副秘书长徐纪平一行到原杭州板块检查指导，并慰问工程一线建设者。

8 月 29 日，杭州市常务副市长戴建平、副市长刘国洪组织召开杭州绕城高速西复线用地报批专题会议。

11 月，杭州市常务副市长戴建平调研杭州绕城高速西复线。

2018 年

4 月 19 日，杭州市委常委、常务副市长戴建平调研原杭州板块项目建设。

5 月 18 日，副省长高兴夫来集团原杭州板块调研重点项目建设情况。

2019 年

1 月 2 日，省交通运输厅厅长陈利幸率省公路局、省运管局、杭州市交通运输局等相关部门负责人赴原杭州板块调研。

3 月 12 日，杭州市委常委、常务副市长戴建平一行到原杭州板块调研在建项目。

5 月 23 日上午，时任金华市长尹学群带队到建金高速项目调研建设情况。

7 月 17 日上午，金华市委书记陈龙一行到建金高速项目调研建设情况。

7 月 23 日上午，省交通运输厅厅长陈利幸带队赴临建高速项目调研。

10 月 16 日上午，全国海员建设工会一级巡视员张景义、全国海员建设工会公路运输工作部部长王锦一行赴原杭州板块调研“两美”浙江立功竞赛开展情况。

2020 年

2 月 12 日上午，时任金华市市长尹学群一行赴建金高速 5 标调研重点工程项目疫情防控和复工准备工作。

2 月 14 日下午，副省长高兴夫赴西复线湖州段项目检查疫情防控和复工复产工作。

2 月 18 日下午，省委常委、常务副省长冯飞到西复线湖州段项目建设现场，调研指导项目复工和疫情防控工作。

2 月 20 日下午，副省长高兴夫现场检查临建高速项目复工和疫情防控工作。

2 月 27 日，省国资委党委书记、主任冯波声，党委委员、副主任刘盛辉一行到杭州绕城西复线项目调研疫情防控和复工工作。

3 月 26 日上午，时任省委书记车俊到杭州绕城西复线项目调研。

5 月 21 日上午，刘小涛副省长到建金高速项目检查指导工作。

7 月 9 日，省政协副主席马光明率省政协、省发改委、省交通运输厅相关领导一行到临建高速项目调研指导工作。

CICO
浙江交通集团
建好杭州绕城西复线
陪你一起走进新时

原杭州板块参建单位名录

List of participating units of Hangzhou plate

建金高速

建设单位

建金高速项目指挥部

施工单位

土建 TJ01	江苏镇江路桥工程有限公司
土建 TJ02	中交第二公路工程局有限公司
土建 TJ03	浙江交工集团股份有限公司
土建 TJ04	浙江交工集团股份有限公司
土建 TJ05	浙江交工宏途交通建设有限公司
机电 JD01	上海电科智能系统股份有限公司
机电 JD02	重庆市华驰交通科技有限公司
机电 JD03	浙江省机电设计研究院有限公司
交安 JA01	余姚市交通标志设施有限公司
交安 JA02	徐州市公路工程总公司
房 建 1 标	浙江华辰建设集团有限公司
房 建 2 标	华锦建设集团股份有限公司
房 建 3 标	宁波华伟建设有限公司
绿 化 1 标	常熟市报慈绿化工程有限公司
绿 化 2 标	福建腾晖环境建设集团有限公司

监理单位

监 理 JL1	杭州交通工程监理咨询有限公司
监 理 JL2	浙江公路水运工程监理有限公司
监 理 JL3	浙江浙中建设工程管理有限公司
机电 JDJL	中咨公路工程监理咨询有限公司
房建 FJJL	浙江森威监理有限公司

设计单位

浙江省交通规划设计研究院有限公司

西复线杭绍段

建设单位

西复线杭绍段项目指挥部

施工单位

标段	施工单位
土建 TJ01	浙江交工路桥建设有限公司
土建 TJ02	浙江鼎盛交通建设有限公司
土建 TJ03	浙江交工路桥建设有限公司
土建 TJ04	中天交通建设投资集团有限公司
土建 TJ05	浙江交工集团股份有限公司
土建 TJ06	中铁三局集团第二工程有限公司
土建 TJ07	浙江交工宏途交通建设有限公司
土建 TJ 环山互通	中交四公局公路工程有限公司
土建 TJ 杭黄铁路中埠节点	中铁四局集团第二工程有限公司
EPC 总部	浙江交工集团股份有限公司
EPC 分部	天津城建集团有限公司
机电 JD01	北京云星宇交通科技股份有限公司
机电 JD02	浙江高速信息工程技术有限公司
机电 JD03	北京公科飞达交通工程发展有限公司
机电 JD04	千方捷通科技股份有限公司
机电 JD05	江苏智运科技发展有限公司
机电 JD 环山互通	中咨泰克交通工程集团有限公司
交安 JA01	嘉兴市通明交通工程有限公司
交安 JA02	青岛建工路桥集团有限公司
交安 JA03	江苏耀鑫交通设施有限公司
交安 JA 环山互通	浙江交通设施有限公司
房建 FJ01	标力建设集团有限公司
房建 FJ02	少伯环境建设有限公司
房建 FJ03	宁波锦泰生态建设有限公司
房建 FJ 环山	方远建设集团股份有限公司

绿　化 LH01	杭州天顺市政园林工程有限公司
绿　化 LH02	江西绿巨人生态环境股份有限公司
绿　化 LH03	江西鸿业生态环境建设集团有限公司
声屏障 SPZ01	河北建工集团有限责任公司
声屏障 SPZ02	江苏强洁环境有限责任公司

监理单位

扩容段监理 JL1	杭州交通工程监理咨询有限公司
扩容段监理 JL2	浙江公路水运工程监理有限公司
扩容段监理 JL3	浙江浙中建设工程管理有限公司
联 络 线 监 理	杭州公路工程监理咨询公司
机电监理 JDJL	浙江省机电设计研究院有限公司
房建监理 FJJL	杭州公路工程监理咨询有限公司

设计单位

浙江省交通规划设计研究院有限公司

杭州市交通规划设计研究院

安徽省交通规划设计研究总院股份有限公司

西复线湖州段

建设单位

西复线湖州段项目指挥部

施工单位

土建 LTJ01	中铁十六局集团有限公司
土建 LTJ02	中交第一公路工程局有限公司
土建 KTJ01	浙江交工金筑交通建设有限公司
土建 KTJ02	浙江交工集团股份有限公司
机 电 JD01	浙江浙大中控信息技术有限公司
机 电 JD02	山东博安智能科技股份有限公司
交 安 JA01	建德市路安交通设施有限公司
交 安 JA02	徐州市公路工程总公司
房 建 FJ01	宇轩建业集团有限公司
房 建 FJ02	浙江矿厦建设有限公司
绿 化 LH01	浙江鹿山园林绿化工程有限公司
绿 化 LH02	江西福乐园林有限责任公司

监理单位

联络线监理 LTJJ	湖州市公路水运工程监理咨询有限公司
扩容段监理 KTJJL	上海同济市政公路监理咨询有限公司
机电监理 JDJL	广西交科工程咨询有限公司
房建监理 FJJL	宁波交通工程咨询监理有限公司

设计单位

浙江省交通规划设计研究院有限公司

临建高速

建设单位

临建高速项目指挥部

施工单位

土建 TJ01	浙江交工集团股份有限公司
土建 TJ02	中交三公局第一工程有限公司
土建 TJ03	浙江交工路桥建设有限公司
土建 TJ04	浙江交工金筑交通建设有限公司
土建 TJ05	中铁一局集团有限公司
土建 TJ06	中交一公局集团有限公司

监理单位

监理 TJJL01	北京华宏工程咨询有限公司
监理 TJJL02	浙江公路水运工程监理有限公司
监理 TJJL03	杭州交通工程监理咨询有限公司

设计单位

浙江省交通规划设计研究院有限公司

杭州市交通规划设计研究院